W0472459

THOMAS KINKADE UND NANETTE KINKADE

THOMAS KINKADE
Kochbuch

KOCHEN MIT DEM MALER DES LICHTS

Weltbild

Inhalt

METRO

City by the Bay

Einleitung

Unsere Familie hat einige wunderbare, unvergessliche Reisen unternommen. Thomas erinnert sich daran mit Auge, Pinsel und Leinwand – besonders schöne Beispiele finden Sie in diesem Buch.

Zu den Höhepunkten der Familienreisen gehörten die köstlichen gemeinsamen Mahlzeiten, deren Geschmack und Geruch ich mit den verschiedenen Reisezielen in Verbindung bringe. Bei Pasta mit Meeresfrüchten erinnere ich mich lebhaft an einen Abend in Venedig und den Geruch von gegrillten Spareribs assoziiere ich mit einem Barbecue an einem 4. Juli mit Chips, gekühlter Wassermelone und einem wunderschönen Feuerwerk als krönendem Abschluss.

Wenn ich mit Thomas die Welt bereise, dokumentiere ich unsere Aufenthalte mit einer Sammlung von landes- bzw. ortstypischen Rezepten. In diesem Buch können Sie uns somit kulinarisch nach Nizza, Paris, London, Venedig, Edinburgh, Luxemburg, Portofino und in die Schweizer Alpen begleiten.

Hier finden Sie aber auch alte Familienrezepte von meiner Mutter, Großmutter und Tante sowie Lieblingsrezepte meiner Töchter, außerdem Rezepte von Restaurants, in denen wir Stammgäste sind.

Es ist mir ein Vergnügen, Ihnen Einblicke in das kulinarische Familienerbe der Kinkades zu gewähren, und ich hoffe, dass Ihnen die Rezepte zusagen.

Guten Appetit!

Nanette Kinkade

Nanette Kinkade

Ferien-erinnerungen

Süße Pekannuss-Rollen

1 abgepackter Brotteig
4 Esslöffel zerlassene Butter
2 Teelöffel Zimt
110 g Zucker
30 g Rosinen
60 g gehackte Pekannüsse
Glasur (Rezept siehe unten)

Die Pekannüsse aus Texas, die uns Thomas' Bruder Pat und seine Frau Laura jedes Jahr schicken, sind ein Gedicht. Ob wir alle zusammen zu Hause oder auswärts feiern, alle freuen sich auf die fantastischen süßen Pekannuss-Rollen am Weihnachtsmorgen zum Frühstück.

FÜR 12 STÜCK

1. Den Teig auf einem bemehlten Brett zu einem Rechteck von 30 x 20 cm ausrollen und mit 2 Esslöffel zerlassener Butter bestreichen. Zimt, Zucker, Rosinen und gehackte Pekannüsse vermengen und über den Teig verteilen.

2. Den Teig vorsichtig fest zusammenrollen und in 12 gleich große Stücke schneiden. Diese in leicht gebutterte Muffin- oder Souffléförmchen geben, mit geschmolzener Butter bestreichen und gehen lassen, bis sie ihr Volumen verdoppelt haben. Dann im vorgeheizten Backofen bei 190 °C in 20 bis 25 Min. goldbraun backen.

3. Sofort aus den Förmchen nehmen und abkühlen lassen. Mit dem Rest der zerlassenen Butter bestreichen.

Glasur

240 g Puderzucker
2 Esslöffel Milch
1/2 Teelöffel Vanillezucker

1. Die Zutaten vermischen und die Rollen mit der Glasur bestreichen.

WEIHNACHTEN

Victorian Christmas II

Victorian Christmas

Roastbeef mit Yorkshire Pudding

Einige unserer Familientraditionen basieren auf Reiseerlebnissen, so lernten wir den Yorkshire Pudding bei unserem ersten Englandaufenthalt kennen. Fortan war er von unseren Weihnachtsfeiern nicht mehr wegzudenken und weckte jedes Jahr Erinnerungen daran.

1 Roastbeef (3,5 kg)
Salz und schwarzer Pfeffer zum Würzen
4 Eier
250 g Mehl
500 ml Milch
1 Teelöffel Salz

Für 12 Personen

1. Den Backofen auf 160 °C vorheizen.

2. Das Roastbeef mit der Fettseite nach oben in einen Schmortopf geben, mit Salz und Pfeffer würzen. Ein Bratenthermometer in das Fleisch stecken, ohne einen Knochen zu berühren. Unbedeckt schmoren lassen, bis das Thermometer für »rare« nach 3 Std. 15 Min. 60 °C anzeigt, für »medium« nach 4 Std. 70 °C und für »well done« nach 4 Std. 45 Min. 80 °C. Das Fleisch aus dem Ofen nehmen.

3. Die Temperatur des Ofens auf 200 °C erhöhen.

4. Das Fleisch aus dem Schmortopf nehmen und mit Alufolie bedecken. Von dem Bratensaft 1/4 Tasse für den Yorkshire Pudding abgießen und beiseite stellen.

5. Den restlichen Bratensaft auf zwei 20 x 20 cm große Backformen verteilen. In einer Schüssel Eier, Mehl, Milch und einen Teelöffel Salz gut verquirlen, auf die beiden Formen verteilen und 30 Min. backen. Anschließend das Roastbeef in Scheiben schneiden, mit dem vorher beiseite gestellten Bratensaft und dem Yorkshire Pudding servieren.

Pfefferminzeiscremetorte

90 g ungesüßter Kakao
170 ml kochendes Wasser
6 Esslöffel zerlassene Butter
230 g brauner Zucker
110 g weißer Zucker
90 g Eipulver
190 g Mehl
1/2 Teelöffel Backpulver
1/2 Teelöffel Backnatron
1/2 Teelöffel Salz
2 Teelöffel Vanille
3 Becher fettarme Pfefferminzsofteiscreme
400 g fettarme Schlagsahne zur Garnierung
1 Messerspitze Pfefferminzextrakt
8 Pfefferminzbonbons
Butter zum Ausfetten der Backformen

Für mich als Mutter ist es schön, gewisse Aufgaben an meine heranwachsenden Töchter delegieren zu können, so sind sie für die Vollendung des am Weihnachtsabend servierten Gaumenschmauses verantwortlich.

Für 16 Portionen

1. Den Backofen auf 180 °C vorheizen. Zwei ausgefettete runde Backformen (20 cm Durchmesser) mit Backpapier auslegen.

2. In einer Schüssel Kakao, heißes Wasser und Butter miteinander gut verrühren und die Masse abkühlen lassen. In einer weiteren Schüssel braunen und weißen Zucker mit dem Eipulver 2 Min. cremig rühren. Die Kakaomasse hinzufügen und kurz schlagen. Mehl, Backpulver, Backnatron und Salz vermengen und mit Vanille zu der Masse geben.

3. Das Ganze auf die ausgefetteten Backformen verteilen, 25 Min. backen und 10 Min. auskühlen lassen. Aus den Formen nehmen und in Plastiktüten zwei Stunden in das Gefrierfach geben.

4. Eiscreme in eine runde, mit Klarsichtfolie ausgelegte Backform (20 cm Durchmesser) füllen, bedecken und 4 Std. tiefkühlen.

5. Zur Vollendung der Torte wird eine Kuchenlage umgedreht auf eine Kuchenplatte gelegt, darauf die Eiscreme aus dem Gefrierfach (ohne Folie) und obenauf eine weitere Kuchenlage.

6. Geschlagene Sahne mit Pfefferminzextrakt gut verrühren und damit die gesamte Torte bestreichen, mit zerstoßenen Pfefferminzbonbons garnieren und bis zum Verzehr einfrieren. Vor dem Anschneiden 10 Min. bei Raumtemperatur stehen lassen.

A Holiday Gathering

Morning Dogwood

Crêpes

Crêpes sind bei uns äußerst beliebt und ideal für festliche Mahlzeiten.

Für 12 Portionen

190 g Mehl
1/2 Teelöffel Backpulver
1/2 Teelöffel Salz
500 ml Milch
2 Eier
2 Esslöffel zerlassene Butter
Butter zum Ausbacken
Puderzucker

Mögliche Füllungen: Apfelmus, gesüßte Erdbeeren, Johannisbeergelee, Himbeermarmelade

1. In einer Schüssel Mehl, Backpulver und Salz vermengen, in einer weiteren Schüssel Milch, Eier und Butter verrühren. Das Mehl-Backpulver-Salz-Gemisch dazugeben und glatt rühren.

2. In einer kleinen Pfanne bei mittlerer Hitze 1/2 Teelöffel Butter zergehen lassen, nur wenig Teig einfüllen und als dünnen Film am Boden ausbacken. Danach wenden und goldbraun zu Ende backen.

3. Die fertigen Crêpes auf einer Platte stapeln (mit Pergamentpapier dazwischen) und zugedeckt warm halten.

4. Zum Servieren die Crêpes mit ein bis zwei Esslöffel der gewünschten Füllung bestreichen, zusammenrollen und mit Puderzucker bestäuben.

OSTERN

»Big-Apple«-Klöße

Sauce:
500 ml Wasser
280 g Zucker
1/2 Teelöffel Zimt
60 g Butter
1 Esslöffel Butter

Kloßteig:
240 g Mehl
1/2 Teelöffel Salz
75 ml fettarme Milch, Sahne oder Vollmilch
150 g Backfett

Füllung:
2 Esslöffel Rosinen
2 Esslöffel gehackte Walnüsse
1 Esslöffel Honig
2 Esslöffel Zucker
1/2 Teelöffel Zimt
6 kleine Kochäpfel

Für 6 Personen

1. Für die Sauce in einem kleinen Topf Wasser, Zucker und Zimt unter Rühren erhitzen und anschließend 5 Min. köcheln lassen. Die Butter einrühren und den Topf vom Feuer nehmen.

2. Für den Kloßteig mit der Küchenmaschine Mehl, Salz und klein gestückeltes Backfett verrühren. Nach und nach die Milch oder Sahne zugeben, bis der Teig geschmeidig ist. Aus der Schüssel nehmen und zu einem Kloß formen. Auf einer bemehlten Arbeitsplatte zu einem Rechteck von 45 x 30 cm ausrollen. In 6 Quadrate teilen.

3. Den Backofen auf 190 °C vorheizen.

4. Für die Füllung in einer kleinen Schüssel Rosinen, gehackte Walnüsse und Honig vermengen. In einem anderen kleinen Gefäß Zucker und Zimt vermischen. Die Äpfel schälen und Kerngehäuse entfernen. Je einen Apfel auf ein Teigquadrat setzen und mit der Rosinen-Walnuss-Honig-Mischung füllen. Mit Zucker und Zimt bestreuen und ein Stück Butter obendrauf setzen. Die Ecken der Teigquadrate mit Wasser bestreichen und über dem Apfel zusammenkneten.

5. Die Apfelklöße in eine große Backform setzen und mit der Sauce übergießen. In 35 Min. goldbraun backen. Aus dem Ofen nehmen und etwas abkühlen lassen. Mit der Sauce servieren.

Rippenbraten vom Lamm

Für 4 Personen

3/4 Teelöffel Knoblauchpulver
1/4 Teelöffel Salz
1 Messerspitze schwarzer Pfeffer
1 Lammrippenbraten (8 Rippen; gut 1 kg)
50 g eingemachte Aprikosen, klein geschnitten
2 Teelöffel Zitronensaft

1. Den Backofen auf 190 °C vorheizen.

2. Knoblauchpulver, Salz und Pfeffer vermischen und in das Fleisch einreiben. Den Braten mit den Rippen nach unten in einen Schmortopf geben. Ein Bratenthermometer in das Fleisch stecken, ohne einen Knochen zu berühren. 45 Min. bis 1 Std. schmoren lassen, bis das Thermometer für »rare« 60 °C anzeigt, für »medium« 70 °C und für »well done« 80 °C.

3. In der Zwischenzeit in einem kleinen Topf die eingemachten Aprikosen mit dem Zitronensaft verrühren und bei mittlerer Hitze musig kochen. Den Lammbraten während der letzen 30 Min. mit diesem Mus bestreichen.

4. Das Fleisch aus dem Ofen nehmen und mit Alufolie bedeckt 10 Min. ruhen lassen. Anschließend mit einem scharfen Messer portionieren (zwei Rippenstücke pro Person).

Cookies zum Osterfest

100 g Pekannüsse
1 Esslöffel Essig
3 Eiweiß
1/4 Teelöffel Salz
250 g Zucker

Schon als die Kinder noch klein waren, backten wir die Cookies am Karsamstag gemeinsam, um uns auf das Osterfest vorzubereiten.

Für 12 Stück

1. Den Backofen auf 150 °C vorheizen.

2. Die Pekannüsse in einen Plastikbeutel geben und mit einem Kochlöffel in kleine Stücke schlagen.
(Nach seiner Gefangennahme wurde Jesus von römischen Soldaten geschlagen. Siehe Johannes 19,1–3.)

3. Den Essig in eine Schüssel geben.
(Als es Jesus am Kreuz dürstete, wurde ihm mittels eines Schwamms Essig zum Trinken gegeben. Siehe Johannes 19,28–30.)

4. Die Eiweiße hinzufügen.
(Eier symbolisieren das Leben. Und Jesus hat sein Leben hingegeben, um uns Leben zu schenken. Siehe Johannes 10,10–11.)

5. Das Salz einstreuen.
(Es respräsentiert die salzigen Tränen, die von den Jüngern Jesu vergossen wurden, und die Trauer angesichts unserer eigenen Sündhaftigkeit. Siehe Lukas 23,27.)

6. Den Zucker hinzufügen.
(Der süße Trost an der Ostergeschichte ist, dass Jesus gestorben ist, weil er uns liebt. Siehe Johannes 3,16.)

7. Die Eiweiße mit einem elektrischen Rührgerät steif schlagen.
(Die Farbe Weiß symbolisiert die Reinheit jener, die durch Jesus von ihren Sünden befreit wurden. Siehe Johannes 3,1–3.)

8. Die Nüsse hinzufügen und alles gut verrühren. Von der Masse mit einem Teelöffel kleine Häufchen abstechen und auf ein mit Backpapier belegtes Blech setzen.
(Das Häufchen versinnbildlicht das Felsengrab, in dem der Leichnam Jesu gelegt wurde. Siehe Matthäus 27,57–60.)

9. Das Blech in den Ofen schieben, die Tür schließen und den Ofen abschalten.

10. Die Ofentür mit einem Klebeband verschließen.
(Auch Jesu Grab wurde verschlossen. Siehe Matthäus 27,65–66.)

11. Gehen Sie zu Bett.
(Die Cookies bleiben über Nacht im Ofen – wie Jesus im Grab. Die Jünger erwarteten Jesu Auferstehung. Siehe Johannes 16,20 und 22.)

12. Am Ostermorgen öffnen Sie die Ofentür und verteilen die Cookies an die Familienmitglieder. Achten Sie auf die rissige Oberfläche und beim Hineinbeißen darauf, dass die Cookies hohl sind!
(Zu ihrem Erstaunen fanden die Jünger das Grab Jesu am Ostermorgen offen und leer vor. Siehe Matthäus 18,1–9.)

Der Herr ist wahrhaft auferstanden!

America's Pride

Chili zum Geburtstag

Der 4. Juli ist mein Geburtstag, und ich war immer sehr glücklich darüber, ihn mit dem ganzen Land zu feiern. Auch meine Großmutter Edna wurde am amerikanischen Nationalfeiertag geboren. Meine Familie begeht diesen Tag traditionell am Lake Tahoe mit Bootsfahren und einem Barbecue mit abschließendem Feuerwerk.

Für 6 Personen

1. Das Hackfleisch mit Zwiebeln scharf anbraten. Die restlichen Zutaten zugeben und 1 Std. unter gelegentlichem Umrühren köcheln lassen.

2. Auf Wunsch geriebenen Käse, Sauerrahm oder Zwiebelringe darübergeben.

500 g Hackfleisch vom Rind
60 g gehackte Zwiebeln
1 Dose (400 g) Kidneybohnen
1 Dose (400 g) grüne Bohnen
1 Dose (400 g) geschälte Tomaten
250 ml Wasser
1 Teelöffel klein geschnittene rote Paprikaschote
1/2 Teelöffel Knoblauchsalz
1/2 Teelöffel Salz
1 Messerspitze schwarzer Pfeffer
1 Messerspitze Cayennepfeffer
3 Esslöffel Chili
1 Esslöffel Zuckersirup

4. JULI

Gegrillte Rinderrippchen

2,5 kg Rinderrippchen
(wahlweise Spareribs)
3 Becher Black-Jack-Barbecue-Sauce (Rezept siehe unten)

FÜR 4–6 PERSONEN

1. Die Rippchen rundherum mit einer Gabel einstechen. In eine große Auflaufform oder Schüssel geben und in der Barbecue-Sauce wälzen. Im Kühlschrank 8 Std. marinieren und dabei einmal wenden.

2. Elektro- oder Holzkohlengrill anheizen. Die Rippchen aus der Marinade nehmen und in eine kleine Schüssel abtropfen lassen. 10 Min. grillen, mit Marinade bestreichen und weitere 5 Minuten auf dem Grill belassen.

Black-Jack-Barbecue-Sauce

250 g geschnittene Zwiebeln
30 g gehackte scharfe Peperoni
6 gehackte Knoblauchzehen
200 ml starker schwarzer Kaffee
200 ml Worcestershiresauce
200 ml Ketchup
110 ml Apfelweinessig
110 g brauner Zucker
3 Esslöffel Chilipulver
2 Teelöffel Salz

FÜR 5 BECHER

1. Alle Zutaten in einen Kochtopf geben und 25 Minuten köcheln lassen. Mit dem Stabmixer pürieren. Hält im Kühlschrank bis zu sieben Tagen.

Schokolade-Zucchini-Kuchen

Jeder, der in seinem Garten Zucchini anpflanzt, weiß, dass die Pflanze mehr Früchte trägt, als eine Familie verzehren kann. Deshalb versorgte ich von Anfang an auch Freunde damit, und dann erfand ich das Rezept für diesen schmackhaften, saftigen Kuchen.

FÜR 1 KUCHEN

110 g Margarine
115 ml Pflanzenöl
400 g Zucker
2 Eier
1 Teelöffel Vanille
110 ml Milch
160 g Mehl
4 Esslöffel Kakao
1/2 Teelöffel Backpulver
1 Teelöffel Backnatron
1/2 Teelöffel gemahlener Zimt
1/2 Teelöffel gemahlene Gewürznelken
220 g geraspelte Zucchini
Glasur (Rezept siehe unten)

1. Margarine, Öl, Zucker, Eier, Vanille und Milch in eine große Schüssel geben und mit Mehl, Kakao, Backpulver, Backnatron, Gewürzen und geraspelten Zucchini gut vermischen.

2. Die Masse in eine ausgefettete Kuchenform füllen und bei 180 °C 1 Std. backen. Aus dem Ofen nehmen und auskühlen lassen. Mit der Glasur (Rezept siehe unten) überziehen.

Glasur

120 g Puderzucker
1 Esslöffel Butter oder Margarine
1–2 Esslöffel Milch

1. Die Zutaten vermischen, glatt rühren und den Kuchen damit bestreichen.

Rezept und Kommentar von Karen Ford Carpenter

Nanettes Geburtstagskuchen

190 g Mehl
3 Esslöffel ungesüßter Kakao
1/2 Teelöffel Salz
1 Teelöffel Backnatron
5 Esslöffel Pflanzenöl
1 Tasse Zucker
1 Teelöffel Essig
1 Teelöffel Vanille
250 ml Wasser
Kakao-Glasur
(Rezept siehe unten)

Dies ist ein Rezept meiner Mutter, Nancy Willey, die ich jedes Jahr bat, mir den Kuchen zum Geburtstag zu backen. Inzwischen ist er ein ganzjähriger Klassiker in unserer Familie.

Für 8 Portionen

1. Den Backofen auf 180 °C vorheizen. Eine runde Backform (23 cm Durchmesser) mit Butter ausstreichen und mit Mehl bestäuben.

2. Mehl, Kakao, Salz und Backnatron zusammen durchsieben und beiseite stellen. Mit einem elektrischen Rührgerät Öl, Zucker, Essig, Vanille und Wasser vermischen. Zu den durchgesiebten Zutaten geben und zu einem geschmeidigen Teig verarbeiten.

3. Die Masse in die vorbereitete Backform füllen und 35 Min. backen. Der Teig verdoppelt dabei sein Volumen. Den Kuchen anschließend auf einem Gitter auskühlen lassen. Zum Schluss mit der Glasur überziehen.

Hershey's Kakao-Glasur

6 Esslöffel weiche Butter
60 g Kakao
300 g Puderzucker
1 Teelöffel Vanille
70 ml Milch

Für 1 Kuchen

1. Mit einem elektrischen Rührgerät Butter, Kakao und Zucker verrühren, Vanille und Milch dazugeben. Bei Bedarf noch 1 Esslöffel Milch zufügen, um eine streichfähige, cremige Konsistenz zu erreichen.

The Garden Party

The Blessings of Autumn

Frische Landbrötchen

Für 24 Stück

380 g Mehl
30 g Instant-Milchpulver, fettarm
3 Esslöffel Backpulver (doppelaktiv)
2 Esslöffel Zucker
1 Teelöffel Salz
220 g Backfett
1 1/2 Esslöffel Wasser

1. Den Backofen auf 200 °C vorheizen.

2. Auf einer bemehlten Arbeitsfläche mit der Gabel alle Zutaten außer Backfett und Wasser mischen. Das Backfett in die Mischung stückeln und das Wasser zugeben.

3. Die Masse mit bemehlten Händen 8 bis 10 Min. zu einem glatten Teig verarbeiten. Diesen mit einem Nudelholz 2 cm dick ausrollen, Kreise mit 6 cm Durchmesser ausstechen und im Abstand von 2 cm auf ein mit Backpapier belegtes Blech geben. 20 bis 25 Min. goldbraun backen. Warm servieren.

Anmerkung: *Die Teigkreise halten sich im Gefrierschrank drei Monate. Die ausgestochenen, nicht gebackenen Brötchen auf Backpapier geben und anfrieren. Danach in einen Gefrierbeutel füllen. Bei Bedarf im Ofen bei 200 °C 30 bis 35 Min. goldbraun backen.*

ERNTEDANKFEST

Preiselbeersauce

340 g frische Preiselbeeren
280 g Zucker
120 ml Wasser
Zesten einer unbehandelten Orange

Die Herstellung dieser Preiselbeersauce ist kinderleicht – und das Ergebnis ist wunderbar! Die Sauce ist der Beitrag meiner Schwester Suzanne zum jährlichen Thanksgiving-Dinner.

Für 8 Portionen

1. In einem Mikrowellengefäß die Zutaten mischen, mit geeigneter Plastikfolie dicht verschließen und 5 Min. bei hoher Stufe in die Mikrowelle stellen. Umrühren und weitere 5 Min. kochen. Abschmecken, gegebenenfalls noch Zucker hinzufügen und über Nacht in den Kühlschrank stellen.

Campbell's Grüne-Bohnen-Kasserolle

1 Dose Pilzsuppe (Campell's Cream of Mushroom Soup oder ein entsprechendes europäisches Produkt)
110 ml Milch
Schwarzer Pfeffer
500 g gekochte grüne Bohnen
100 g Röstzwiebeln

Thanksgiving ohne dieses Gericht ist besonders für die weiblichen Mitglieder der Familie Kinkade undenkbar.

Für 10 Personen

1. Den Backofen auf 180 °C vorheizen.

2. Suppe, Milch, Pfeffer, grüne Bohnen und 1/3 der Röstzwiebeln in einer mittelgroßen Kasserolle vermengen, 25 Min. backen, umrühren und mit den restlichen Zwiebeln bestreuen. Weitere 5 Min. in den Ofen schieben.

Autumn Lane

Apple Pie

160 g Zucker
30 g Mehl
1/2 Teelöffel gemahlene Muskatnuss
1/2 Teelöffel gemahlener Zimt
1 Messerspitze Salz
6–8 Äpfel, geschält, entkernt und in dünne Spalten geschnitten
Rezept für Pie-Boden und Pie-Deckel siehe rechte Seite
Butter nach Belieben

Die Herstellung von Pies war im Hause Willey eine Kunst. Mit meiner Schwester Suzanne und meiner Mutter verbrachte ich Stunden in der Küche, um das Rezept zu perfektionieren.

Für 10 Portionen

1. Den Backofen auf 220 °C vorheizen.

2. In einer Schüssel Zucker, Mehl, Muskatnuss, Zimt und Salz vermengen. Die Äpfel unterrühren.

3. Die Masse in die mit dem Pie-Boden ausgelegte Backform (23 cm Durchmesser) gießen und mit Butterflocken bestreuen. Den Pie-Deckel darauflegen, einritzen, damit der Dampf beim Backen entweichen kann, und am Rand andrücken. Diesen mit einem schmalen Streifen Aluminiumfolie bedecken, damit er nicht verbrennt. Die Pie 40 bis 50 Min. backen, bis der Deckel goldbraun ist. Die Aluminiumfolie 15 Min. vor Ende der Backzeit entfernen.

Pie-Boden und Pie-Deckel

Für 1 Kuchen

140 g + 2 Esslöffel Backfett
250 g Mehl
1 Teelöffel Salz
4–5 Esslöffel kaltes Wasser

1. Mehl und Salz in einer Schüssel mischen. Das Backfett klein gestückelt dazugeben. Langsam Wasser dazugießen und die Masse so lange bearbeiten, bis sie sich vom Schüsselrand löst (gegebenenfalls sind noch 1 bis 2 Teelöffel Wasser nötig).

2. Den Teig aus der Schüssel nehmen, teilen, zwei Klöße formen und daraus auf einer bemehlten Arbeitsfläche mit einem Nudelholz den Pie-Boden und Pie-Deckel mit einem Durchmesser von 28 cm ausrollen (5 cm für den Rand). Den Pie-Boden zweimal zusammenklappen, in der ausgefetteten Backform (23 cm Durchmesser) auslegen und an den Seiten fest andrücken.

3. Die Apfelmasse einfüllen, mit Butterflocken bestreuen, den Pie-Deckel darauflegen und mit Gabel oder Fingern am Rand festdrücken. Weiter wie auf der linken Seite beschrieben verfahren.

METRO

Reise-
erinnerungen

Huevos Rancheros

8 Tortillas
60 ml Öl
8 Eier
Salz
Schwarzer Pfeffer
1 Dose (400 g) schwarze Bohnen
1 Glas Salsa nach Wahl
1 Rancheros-Sauce (Rezept siehe unten)
1 Tasse geriebener Cheddarkäse

Thomas liebt es, diesen Tex-Mex-Brunch für die Familie zuzubereiten, also dürfte das Nachkochen auch für Sie kein Problem sein!

FÜR 4 PERSONEN

1. Eine kleine Bratpfanne ohne Öl erhitzen. Die Tortillas darin hellbraun und knusprig 1 Min. pro Seite ausbacken. Warm stellen.

2. In zwei großen Pfannen je 2 Esslöffel Öl erhitzen. 4 Eier in jede Pfanne schlagen und sofort die Hitze reduzieren. Vorsichtig Öl auf die Spiegeleier löffeln und mit Salz und Pfeffer würzen.

3. Zum Servieren auf jede Tortilla schwarze Bohnen und einen Löffel Salsa und/oder Rancheros-Sauce geben und mit einem Spiegelei und geriebenem Käse bekrönen.

Rancheros-Sauce

1 Esslöffel Pflanzenöl
1 mittelgroße Zwiebel, gewürfelt
1/2 grüne Paprika, gewürfelt
1 Knoblauchzehe, klein geschnitten
250 g frische Tomaten, gewürfelt (oder 1 Dose geschälte Tomaten, gewürfelt)
30 g grüne Chilis, gewürfelt
8 Tropfen rote Chilisauce
1/2 Teelöffel Zucker
1 Teelöffel Salz

FÜR 2 TASSEN

1. In einer Bratpfanne Öl erhitzen, darin Zwiebel- und Paprikawürfel sowie Knoblauch 5 Min. anbraten, die restlichen Zutaten hinzufügen und die Hitze reduzieren. 15 Min. köcheln und somit die Sauce eindicken.

Puerto Vallarta Beach

Island Afternoon, Greece

Griechischer Salat

Für 8 Personen

1 Kopfsalat
1 Romanasalat
10 Radieschen
1 Gurke
6 Frühlingszwiebeln
24 Oliven
100 g zerbröselter Fetakäse
1 Glas Anchovis
100 ml Olivenöl
60 ml roter Weinessig
1 Teelöffel Salz
1 Teelöffel Oregano, getrocknet

1. Kopf- und Romanasalatblätter waschen, trockenschleudern und in mundgerechte Stücke schneiden. Mit den in Scheiben geschnittenen Radieschen, Gurke und Frühlingszwiebeln sowie den Oliven, Anchovis und dem Fetakäse auf einer Platte anrichten.

2. Für das Dressing Olivenöl, Essig, Salz und Oregano vermischen und über dem Salat verteilen.

Clam Chowder Coney Island

500 g frische Muscheln, im Dampf in Weißweinsud gegart, von den Schalen befreit; den Sud aufbewahren!
4 Esslöffel ausgelassener Speck, Fett, Butter oder Pflanzenöl
2 Zwiebeln, gewürfelt
1 Knoblauchzehe, gehackt
1 Paprika, entkernt und gewürfelt
3 Stängel Sellerieblätter, geschnitten
1 Esslöffel frische Petersilie, geschnitten
1/4 Teelöffel Currypulver
1 Dose (400 g) geschälte Tomaten
1 Kartoffel, geschält
1 l Weißweinsud
1 l Wasser
1/2 Teelöffel schwarzer Pfeffer
Salz

Dieses Rezept stammt von einem unserer Lieblingsrestaurants in San Francisco, dem »Tadich Grill«.

FÜR 6 PERSONEN

1. Die gekochten, von den Schalen befreiten Muscheln grob schneiden und beiseite stellen.

2. In einem großen Suppentopf den Speck auslassen oder das Fett erhitzen. Zwiebelwürfel, Knoblauch, Paprika, Sellerieblätter, Petersilie und Currypulver anbraten. Tomaten, Kartoffel, Weißweinsud und Wasser zugeben und 90 Min. köcheln lassen. Die Muscheln in die Suppe geben, mit Salz und Pfeffer würzen und in weiteren 20 Min. fertig kochen.

New York, Snow on Seventh Avenue, 1932

Pike Place Market, Seattle

Kürbis-Bohnen-Suppe

Diese Suppe wärmt im Winter von innen. Sie gehört jedoch zu Thomas' ganzjährigen Lieblingsgerichten.

FÜR 8 PORTIONEN

1 Esslöffel Olivenöl
100 g geschnittene Zwiebel
4 Knoblauchzehen, gehackt
1/2 Teelöffel gemahlener Kreuzkümmel
3/4 Teelöffel gemahlener Zimt
700 g Kürbis (z. B. Squash), geschält, entkernt und in Stücke geschnitten
1 Messerspitze schwarzer Pfeffer
750 g Gemüsebrühe
1 Dose (400 g) geschälte Tomaten mit Saft
1 Dose (400 g) Tomatenwürfel mit Saft
1 Dose (400 g) weiße Bohnen, abgetropft
Salz
Käse, gerieben
Sauerteigbrot

1. Einen großen Topf erhitzen, Öl, Zwiebelwürfel, Knoblauch, Kreuzkümmel und Zimt 5 Min. anbraten, bis die Zwiebelwürfel glasig sind. Kürbisstücke, Pfeffer, Brühe und Tomaten zufügen und nach dem Aufkochen bei geschlossenem Deckel 30 Min. köcheln lassen.

2. Mit einem Stabmixer die Suppe pürieren. Die Bohnen hinzufügen und weitere 5 Min. köcheln lassen. Mit Salz und Pfeffer würzen.

3. Mit geriebenem Käse bestreuen und mit Sauerteigbrot servieren.

Rinderbrühe mit Gemüse

1,5 kg Rinderrippchen
1 Messerspitze schwarzer Pfeffer
3 l Rinderbrühe oder Wasser
1 Zwiebel, gewürfelt
100 g Sellerie, gewürfelt
100 g Karotten, gewürfelt
100 g Weißkohl, geschnitten
100 g Kartoffeln, gewürfelt
750 g Tomatenwürfel aus der Dose, abgetropft
2 Teelöffel getrocknete Petersilie
1 Dose (400 g) grüne Bohnen, klein geschnitten

Dieses Rezept stammt von meiner Mutter, Nancy Willey. Sie können es aber auch abwandeln und als Zutaten verwenden, was Ihr Kühlschrank und Garten hergeben.

FÜR 8 PORTIONEN

1. Die gepfefferten Rinderrippchen in einen großen Suppentopf geben. Mit Brühe oder Wasser übergießen und zugedeckt 3 Std. köcheln lassen. Dann das Fleisch entnehmen, von den Knochen befreien, in mundgerechte Stücke schneiden und mit der Brühe über Nacht in den Kühlschrank stellen.

2. Das Fett von der Brühe entfernen. Bei mittlerer Hitze zum Kochen bringen, Gemüse, Kartoffeln und Rindfleisch hinzufügen und mindestens 10 Min. kochen. Mit Salz und Pfeffer würzen.

Chicago, Winter at the Water Tower

Biarritz

Französische Pilzsuppe

Für 4 Portionen

- 3 Esslöffel Butter
- 250 g Zwiebeln, in Ringe geschnitten
- 350 g Pilze, in Scheiben geschnitten
- 1 l Rinderbrühe
- 2 Esslöffel Weißweinessig
- 4 dünne Scheiben Baguette
- 150 g geriebener Käse (Gruyère oder Emmentaler)
- 50 g geriebener Parmesan

1. Den Backofen auf 200 °C vorheizen.

2. In einem mittelgroßen Topf Butter zerlassen und darin die Zwiebeln 5 Min. anbraten. Pilze hinzufügen und 3 Min. Farbe nehmen lassen. Einige Pilzscheiben zur Garnitur entnehmen. Mit Brühe und Essig aufgießen und zugedeckt bei geringer Hitze 10 Min. kochen. Die Hälfte der Suppe in eine Schüssel geben und mit dem Stabmixer pürieren. Zurück in den Topf geben.

3. Die Baguettescheiben im Backofen 10 Min. goldbraun toasten. Beiseite stellen und den Grill anschalten. Die Suppe auf 4 feuerfeste Schalen verteilen, jeweils eine Baguettescheibe, 1/4 des Käses, Pilzscheiben und Parmesan daraufgeben und 3 bis 5 Min. überbacken.

Irish Stew

1 kg Lammschulter in Stücken, ohne Knochen und Fett
1 Messerspitze schwarzer Pfeffer
6 mittelgroße Kartoffeln, gewürfelt
3 mittelgroße Zwiebeln, in Ringe geschnitten
500 ml Wasser
1 Teelöffel Salz
1 Hand voll Petersilie, gehackt

Für 6 Personen

1. In einem großen Topf bei mittlerer Hitze die mit Pfeffer und Salz gewürzten Lammstücke, Kartoffeln und Zwiebeln anbraten, mit Wasser ablöschen und zugedeckt 1 1/2 bis 2 Std. köcheln lassen. Mit Petersilie bestreut servieren.

Anmerkung: *Um das Fett leichter entfernen zu können, sollten Sie den fertigen Eintopf zugedeckt über Nacht in den Kühlschrank stellen.*

Irische Kartoffelsuppe

110 g ungesalzene Butter
1 mittelgroße Zwiebel, klein gewürfelt
3 Lauchstangen, in dünne Ringe geschnitten
3 große Kartoffeln, geschält und in dünne Scheiben geschnitten
1 Teelöffel Salz
1 Messerspitze gemahlener schwarzer Pfeffer
1,3 l Hühnerbrühe
Zum Bestreuen: geriebener Cheddarkäse, krosse Baconstückchen

Mit diesem Rezept begeisterte ich meinen Mann erstmals kurz nach unserer Hochzeit. Seither gibt es die wärmende Suppe an frostigen Wintertagen und am 17. März, dem St Patrick's Day.

Für 6 Portionen

1. In einem großen Topf die Butter schmelzen und darin bei geringer Hitze Zwiebeln und Lauch 20 Min. dünsten. Karoffeln hinzugeben und zugedeckt 15 Min. kochen. Mit Salz und Pfeffer würzen und mit der Brühe ablöschen. 30 Min. köcheln lassen.

2. Mit einem Stabmixer pürieren und mit geriebenem Käse und Baconstückchen bestreut servieren.

Rezept und Kommentar von Lezlie Cohn-Oswald

Blossom Bridge

Antigua Sunset

Chili Verde

Für 10 Portionen

1. In einem großen Schmortopf zwei Esslöffel Öl erhitzen und darin die mit Salz und Pfeffer gewürzten Rindfleischwürfel unter ständigem Rühren anbraten. Das Fleisch in einen großen Topf umfüllen.

2. Im Schmortopf erneut zwei Esslöffel Öl erhitzen, Zwiebeln und Knoblauch glasig dünsten, Tomaten mit Saft, Tomatillos, Chilis, Petersilie, Zitronensaft, Oregano, Kreuzkümmel, Koriander und Piment hinzugeben und salzen. In den großen Topf mit den Rindfleischwürfeln umfüllen und kräftig umrühren. Zugedeckt 7 Std. kochen und gegebenenfalls nachwürzen. Auf Wunsch mit Sauerrahm und warmen Tortillas servieren.

2 x 2 Esslöffel Pflanzenöl
Salz
Schwarzer Pfeffer
Gut 1 kg Rinderkamm ohne Knochen, in Würfel geschnitten
2 Zwiebeln, fein gewürfelt
2 Knoblauchzehen, gehackt
2 Dosen (400 g) geschälte Tomaten mit Saft
1 Dose Tomatillos (ganze grüne Tomaten), abgetropft und grob gehackt
1 Glas milde grüne Chilis, geschnitten
1 Tasse frische Petersilie, gehackt
75 ml frisch gepresster Zitronensaft
2 Esslöffel getrockneter Oregano
1 1/2 Teelöffel gemahlener Kreuzkümmel
1 Teelöffel gemahlener Koriander
1 Messerspitze gemahlener Piment

Reis mit schwarzen Bohnen

1 Esslöffel Pflanzenöl
1 mittelgroße Zwiebel, gewürfelt
1 Dose (400 ml) Tomaten
1 Dose (400 ml) schwarze Bohnen mit Saft
1/2 Teelöffel Oregano, getrocknet
1/2 Teelöffel Knoblauchpulver
300 g Instant-Naturreis

Ein einfaches und sättigendes Gericht, dessen Rezept von meiner Schwester Suzanne stammt und mich an unsere lustige gemeinsame Zeit erinnert.

Für 8 Portionen

1. In einem mittelgroßen Topf Öl erhitzen und Zwiebelwürfel darin glasig dünsten. Tomaten, Bohnen, Oregano und Knoblauchpulver sowie Reis dazugeben und unter Rühren zum Kochen bringen.

2. Hitze reduzieren und 5 Min. zugedeckt köcheln, 5 Min. stehen lassen und die Reis-Bohnen-Masse mit einem Löffel auflockern.

Sedona Cliffs

The Old Mission, Santa Barbara

Schweineschulter mit weißen Bohnen

Für 8 Portionen

- 500 g getrocknete weiße Bohnen
- 2 Esslöffel Pflanzenöl
- 500 g Schweineschulter am Stück, ohne Knochen
- 1 Zwiebel, gewürfelt
- 1 Knoblauchzehe, gehackt
- 100 g Tomatenmark
- 100 g brauner Zucker
- 1 Esslöffel Zuckersirup
- 2 Teelöffel Sojasauce
- 1 Teelöffel Senf
- 1 Messerspitze schwarzer Pfeffer
- 2 Teelöffel Salz
- 1 Flasche Bier

1. Die Bohnen über Nacht einweichen.

2. In einem großen Schmortopf Öl erhitzen und die Schweineschulter darin von allen Seiten anbraten. Das Fleisch herausnehmen und beiseite stellen. In dem Bratensaft Zwiebel und Knoblauch glasig dünsten. Tomatenmark, braunen Zucker, Zuckersirup, Sojascauce und Senf anbraten, mit Pfeffer und Salz würzen und mit dem Bier ablöschen. Vom Feuer nehmen.

3. Die eine Hälfte der Sauce mit den Bohnen vermischen und das Fleisch zugeben. Die andere Hälfte der Sauce über das Fleisch geben. Zugedeckt 10 Std. köcheln lassen. Vor dem Servieren gut durchrühren und das Fleisch in 8 Portionsstücke schneiden.

Bohnen-Kichererbsen-Salat

90 ml roter Weinessig
1 Teelöffel Zucker
1 Messerspitze Oregano, getrocknet
1 Teelöffel Salz
Schwarzer Pfeffer
60 ml Olivenöl extra vergine
3 Esslöffel gewürfelte Zwiebel
1 Knoblauchzehe, gehackt
1 Dose (400 g) Kichererbsen, abgetropft und gespült
1 Dose (400 g) Kidneybohnen, abgetropft und gespült
1 Dose (400 g) grüne Bohnen, abgetropft und gespült

Geschmäcker sind verschieden, aber in der Familie Kinkade offenbar recht ähnlich: Meine Töchter lieben dieses Gericht, und auch meine Schwester Suzanne und ich wussten schon, was uns am nächsten Tag blüht, wenn unsere Mutter die große Schüssel über Nacht in den Kühlschrank stellte.

Für 8 Personen

1. In einer großen Schüssel die Zutaten für die Marinade – Essig, Zucker, Oregano, Salz und Pfeffer sowie Olivenöl – verrühren. Zwiebel- und Knoblauchwürfel sowie die Bohnen darin vorsichtig wenden.

2. Die Schüssel mit Frischhaltefolie bedecken und über Nacht in den Kühlschrank stellen, damit der Salat gut durchziehen kann.

Venice Canal

Golden Gate Bridge, San Francisco

Fleischbällchen mit Pasta-Sauce

FÜR 6 PERSONEN

700 g Hackfleisch vom Rind
2 Esslöffel getrocknete Zwiebeln
1 Teelöffel Knoblauchsalz
1 Teelöffel getrockneter Salbei
1 Hand voll Petersilie, gehackt
2 Brötchen, in Milch getunkt
1 l Marinara-Pasta-Sauce

1. Einen großen Topf Salzwasser zum Kochen bringen.

2. Währenddessen in einer Schüssel das Rinderhack mit den Zwiebeln, dem Knoblauchsalz, getrockneten Salbei, der frischen Petersilie und dem zerzupften Brötchen verkneten und zu kleinen Bällchen formen.

3. Die Bällchen in das kochende Wasser geben und herausnehmen, wenn sie an die Oberfläche kommen und somit gar sind. Abtropfen lassen und mit der heißen Marinara-Pasta-Sauce servieren.

Pasta alla Famiglia Kinkade

3 Esslöffel Olivenöl
3 Knoblauchzehen, gehackt
1 Bund Frühlingszwiebeln, in Ringe geschnitten
500 g Pilze, in Scheiben geschnitten
500 – 600 g Garnelen, gewaschen und entdarmt
250 ml Hühnerbrühe
125 ml selbst gemachtes Pesto (Rezept siehe Seite 114)
2 Packungen Fettuccini
300 g Babyspinatblätter
Geriebener Parmesan

Dieses Rezept ist ein absolute Klassiker der Familie Kinkade und wird hoffentlich auch zu einem Ihrer Lieblingsgerichte!

FÜR 8 PERSONEN

1. In einer großen Pfanne Öl erhitzen, Knoblauch, Frühlingszwiebelringe und die geschnittenen Pilze dazugeben und 4 Min. anrösten, anschließend die Garnelen 2 Min. mitbraten, bis sie eine rosa Farbe annehmen. Mit Brühe übergießen und das Pesto einrühren.

2. Währenddessen die Fettuccini nach Packungsanweisung al dente kochen. Abschütten, in die Pfanne geben und vorsichtig unterheben.

3. Auf einem Bett von Babyspinatblättern mit Parmesan bestreut servieren.

Venice

Hotel del Coronado

Riesenmuschel-Pasta alla Fiorentina

FÜR 4 PORTIONEN

1 Packung (300 g) gefrorene Spinatwürfel, aufgetaut und abgetropft
250 g Mozzarella
250 g fettarmer Hüttenkäse
1 Eiweiß
1 Esslöffel geriebener Parmesan
1 Messerspitze geriebene Muskatnuss
16 Stück Riesenmuschel-Pasta, nach Packungsanweisung gekocht
Geriebener Parmesan zum Bestreuen

1. Den Ofen auf 190 °C vorheizen.

2. In einer Schüssel Spinat, Mozzarella, Hüttenkäse, Eiweiß, Parmesan und geriebene Muskatnuss vermengen. Die nach Packungsanweisung al dente gekochte Riesenmuschel-Pasta jeweils mit einem gehäuften Esslöffel der Spinatmischung füllen, in eine Bratenform setzen, mit Alufolie bedecken und 25 Min. backen. Die Folie entfernen und weitere 10 Min. im Ofen lassen.

3. Mit Parmesan bestreut servieren.

Pasta mit Basilikum-Parmesan-Sauce

250 g Pasta nach Wunsch
Blätter von 2 Basilikumstängeln, gezupft
75 g geriebener Parmesan
75 ml Olivenöl
2 Esslöffel Pinienkerne oder Walnüsse
1/2 Teelöffel Salz
1 Messerspitze schwarzer Pfeffer
2 Esslöffel Butter

FÜR 6 PERSONEN

1. In einem großen Topf mit Salzwasser die Pasta nach Packungsanweisung al dente kochen.

2. Währenddessen die restlichen Zutaten in einer Schüssel zu einer homogenen Masse verarbeiten.

3. Die Pasta abschütten und mit der Butter in die Basilikum-Pinien-Parmesan-Mischung unterheben.

4. Mit Parmesan bestreut servieren.

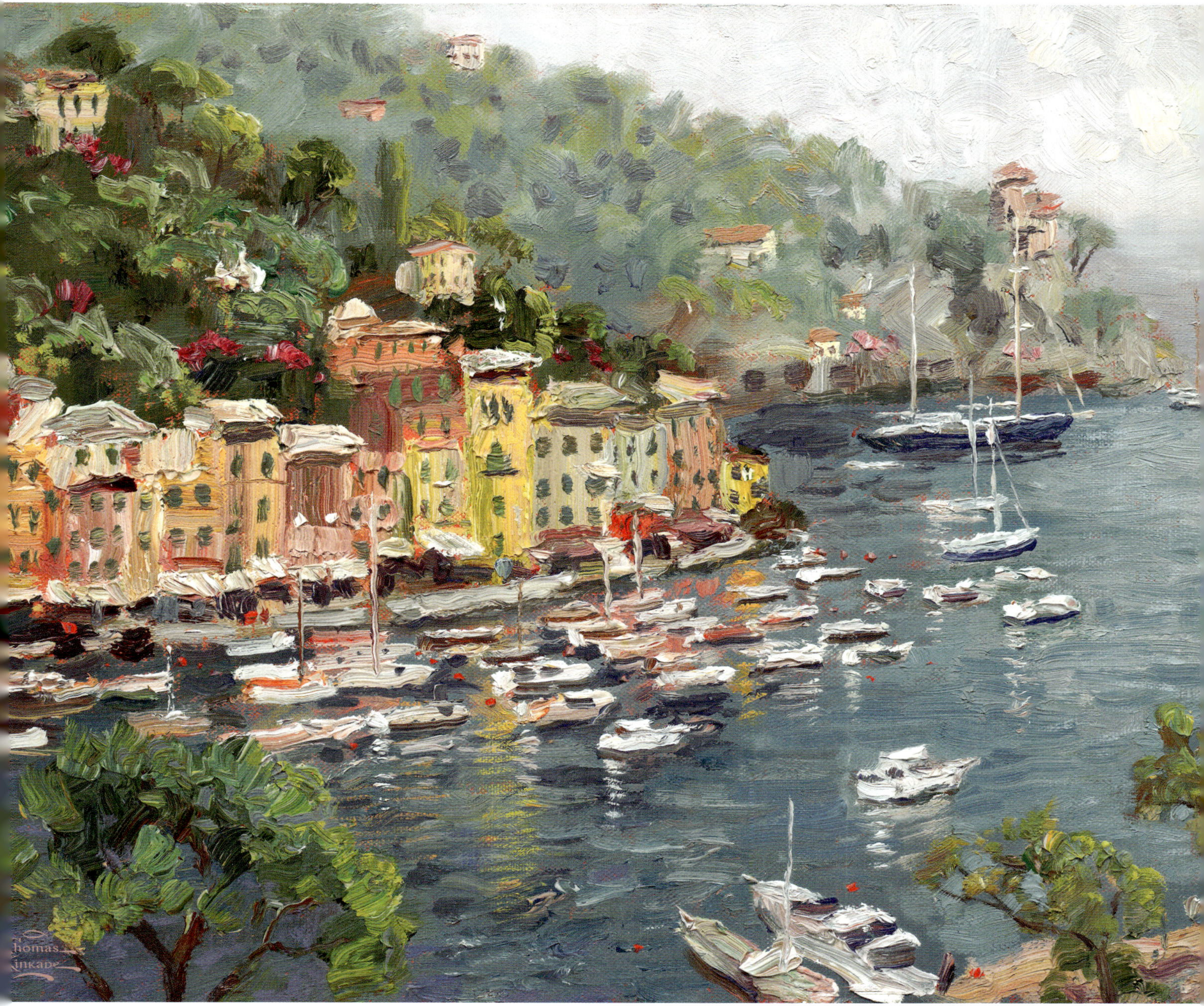

Portofino

Chinatown, San Francisco

Asiatische Nudeln mit Rindfleisch

Für 6 Personen

2 Esslöffel Pflanzenöl
500 g Rinderfilet, in Streifen geschnitten
3 Knoblauchzehen, gehackt
1 Stück frischer Ingwer, geschält und klein geschnitten
500 ml Wasser
150 g asiatische Nudeln nach Wahl
500 g Brokkoliröschen
2 Karotten, in Scheiben geschnitten
2 Esslöffel Sojasauce
2 Frühlingszwiebeln, in Ringe geschnitten

1. In einem Wok (oder einer großen Pfanne) 1 Esslöffel Pflanzenöl erhitzen, bis es raucht. Die Hälfte der Rindfleischstreifen 3 bis 4 Min. unter ständigem Rühren anbraten, das Fleisch herausnehmen und mit der zweiten Hälfte ebenso verfahren. Dann beiseite stellen.

2. Im Wok nun Knoblauch und Ingwer kurz anrösten, mit Wasser ablöschen. Nudeln, Brokkoli, Karotten dazugeben und 3 Min. dünsten, bis die Nudeln die Flüssigkeit aufgenommen haben. Die Rindfleischstreifen in den Wok geben, mit Sojasauce würzen und alles gut durchmischen. Mit Frühlingszwiebeln garnieren.

Spargel-Tomaten-Quiche

1 gefrorener Pie-Boden (25 cm Durchmesser), aufgetaut und vorgebacken
4 große Eier
3 Esslöffel Mehl
1 Teelöffel Paprikapulver
1 Teelöffel Salz
1/2 Teelöffel Senf
350 ml Sahne-Milch-Gemisch
230 g geriebener Emmentaler
10 Spargelstangen, geschält
1 mittelgroße Tomate, in Scheiben geschnitten

Für 6 Personen

1. Den Backofen auf 190 °C vorheizen.

2. Eine Quicheform mit dem vorgebackenen Pie-Boden auslegen.

3. In einer Schüssel Eier, Mehl, Paprikapulver, Salz, Senf und Sahne-Milch-Gemisch verschlagen, den Käse einrühren.

4. Sechs Spargelstangen als Belag beiseite legen, die restlichen vier in 3 cm lange Stücke schneiden und auf dem Pie-Boden verteilen. Die Eier-Käse-Masse darüber verteilen und die Quiche 20 Min. backen. Aus dem Ofen nehmen, mit den Tomatenscheiben und Spargelstangen dekorativ belegen, weitere 25 Min. backen, bis die Füllung gestockt und die Quiche goldbraun ist.

Brussels

Merritt's
Merritt's
Merritt's
ROASTED
PEANUTS
Thomas
Kinkade

Boston

Kennedy-Quiche

FÜR 8 PERSONEN

180 g geriebener Cheddarkäse
110 g zerlassene Butter
100 g Mehl
1/4 Esslöffel Senf
1/2 + 1 Teelöffel Salz
120 ml Milch
120 ml Sahne-Milch-Gemisch
30 Zwiebelwürfel
3 Eier
450 g gefrorener Spinat, aufgetaut und abgetropft
1 Messerspitze schwarzer Pfeffer

1. Den Backofen. auf 160 °C vorheizen.

2. In einer Schüssel Käse, geschmolzene Butter, Mehl, Senf und 1/2 Teelöffel Salz vermischen und die Masse in einer ausgefetteten Quicheform (23 cm Durchmesser) ausstreichen. 20 Min. goldbraun backen und aus dem Ofen nehmen. Die Backtemperatur auf 200 °C erhöhen.

3. In einem Topf Milch, Sahne-Milch-Gemisch und Zwiebeln zum Kochen bringen, 3 Min. bei reduzierter Hitze weiterkochen, vom Herd nehmen und abkühlen lassen. Eier, Spinat, 1 Esslöffel Salz und Pfeffer hinzugeben und gründlich durchrühren. Die Masse in die Backform gießen und 15 Min. backen, bis die Füllung gestockt und die Quiche goldbraun ist.

Österreichische Schinken-Kasserolle

230 g breite Eiernudeln
60 g Butter
1 mittelgroße Zwiebel, gewürfelt
1 Ei, verquirlt
100 g Naturjoghurt
400 g gekochter Schinken, gewürfelt
1/2 Teelöffel Kümmel
1 Messerspitze schwarzer Pfeffer
50 g Semmelbrösel
1/2 Teelöffel Paprikapulver

Auf der Kunstakademie befreundete sich Thomas mit Jim Gurney, von dessen Frau Jeanette dieses Rezept stammt. Es erinnert uns immer an die schönen gemeinsamen Tage mit den beiden.

Für 4 Personen

1. Den Backofen auf 190 °C vorheizen.

2. In einem großen Topf mit Salzwasser die Nudeln 3 Min. kochen. Vom Herd nehmen, zugedeckt 10 Min. stehen lassen, abschütten und die Nudeln zurück in den Topf geben. Butter und Zwiebelwürfel hinzufügen und umrühren.

3. In einer großen Schüssel Ei und Joghurt verquirlen, Schinkenwürfel, Kümmel, Pfeffer und Nudeln sorgfältig unterrühren.

4. Die Masse in eine ausgefettete, mit Semmelbröseln ausgekleidete Kasserolle füllen und mit Paprikapulver bestreuen. Im Ofen 40 bis 45 Min. backen.

Heiligen Blut

Plaza Lights, Kansas City

Kartoffel-Schinken-Pie

Für 6 Personen

1. Den Backofen auf 180 °C vorheizen.

2. In einer Schüssel Eier, Gemüse, Schinken, 120 g Käse und Milch verrühren und beiseite stellen. Kartoffelscheiben mit 60 g Käse mischen.

3. Den ausgefetteten Boden einer Pie-Form (23 cm Durchmesser) mit den Kartoffel-Käse-Scheiben auslegen. Gemüse und Schinkenmischung darübergeben und 45 bis 50 Min. backen. Vor dem Servieren 10 Min. abkühlen lassen.

Anmerkung: *Statt des Schinkens können Sie auch Rind- oder Hähnchenfleischstreifen verwenden.*

4 Eier, verquirlt
150 g gefrorene Erbsen-Karotten-Mischung, aufgetaut
300 gekochter Schinken, gewürfelt
120 g + 60 g Cheddarkäse
120 ml Milch
2 mittelgroße Kartoffeln, gekocht, geschält und in Scheiben geschnitten

Hühnchen-Pie

TEIG:
190 g Mehl
1 Teelöffel Salz
80 g gefrorene Butter, gewürfelt
1 großes Ei
2–3 Esslöffel Eiswasser

FÜLLUNG:
800 g gekochtes Hühnchenfleisch, gewürfelt
1 Esslöffel Butter
500 g frische Pilze, in Scheiben geschnitten
60 ml trockener Weißwein oder Wasser
350 ml Sahne
2 Esslöffel Mehl
1 1/2 Teelöffel Paprikapulver
1/2 Teelöffel Salz
1/2 Teelöffel schwarzer Pfeffer
180 ml Hühnerbrühe

GLASUR:
1 Ei, verquirlt

Dieses Rezept führt mich zu meinen Wurzeln zurück. Es stammt von meiner deutschen Großmutter, Louise Ferris, die es wiederum von ihrer Mutter übernommen hatte.

FÜR 6 PERSONEN

1. Für den Teig in eine mittelgroße Schüssel Mehl, Salz und die Butterwürfel geben. In einer kleinen Schale die Eier mit dem Wasser verquirlen und in die Schüssel umfüllen. Das Ganze zu einem geschmeidigen Teig verkneten und im Plastikbeutel 1 Std. im Kühlschrank ruhen lassen.

2. Für die Füllung die gekochten Hühnchenfleischwürfel in eine Pie-Form geben. In einer großen Pfanne Butter schmelzen und die Pilzscheiben darin 3 Min. anbraten. Mit den Hühnchenfleischwürfel in der Pie-Form mischen.

3. In einem mittelgroßen Topf Wein, Sahne, Mehl, Paprikapulver, Salz und Pfeffer zum Kochen bringen, 5 Min. eindicken und in die Hühnerbrühe einrühren. Über die Hühnchen-Pilz-Mischung gießen.

4. Den Backofen auf 200 °C vorheizen.

5. Auf einer bemehlten Arbeitsfläche einen auf die Pie-Form passenden Teigdeckel ausrollen, diesen auf die Füllung geben und an den Rändern festdrücken. Die Teigreste zusammenkneten, ausrollen und mit einer Form z. B. Sterne oder Blätter ausstechen. Diese als Dekoration auf den Teigdeckel geben und mit verquirltem Ei als Glasur bestreichen.

6. Im Ofen in 25 bis 30 Min. goldbraun backen. Langsam abkühlen lassen und warm servieren.

Solvang

Piccadilly Circus, London

Maishuhn mit Wildreis

Für 4 Personen

170 g Wildreis
300 ml Wasser
4 Esslöffel Butterstücke
1 kleine Zwiebel, fein gewürfelt
1 Esslöffel Mehl
450 ml Hühnerbrühe
1 Packung gefrorene Erbsen, aufgetaut
2 Maishühnchen, halbiert
1 Messerspitze Senf
Salz
Schwarzer Pfeffer

1. Den Backofen auf 160 °C vorheizen.

2. Wildreis und Wasser in einem Topf zum Kochen bringen und zugedeckt 12 Min. köcheln lassen. Auf dem Boden einer feuerfesten Form ausstreichen.

3. In einer Pfanne die fein gewürfelte Zwiebel in 2 Esslöffel Butter glasig dünsten, mit Mehl bestäuben und mit der Brühe ablöschen. Die Erbsen darin erwärmen und den Pfanneninhalt anschließend über den Reis geben.

4. Die vier Hühnchen-Hälften mit 2 Esslöffel Butter, Senf, Salz und Pfeffer einreiben, mit der Hautseite nach oben auf das Reisbett legen, mit Alufolie bedecken und 45 Min. im Ofen schmoren.

Sizilianisches Huhn

2 x 3 Esslöffel geriebener Parmesan
3 Esslöffel Mehl
Salz
Schwarzer Pfeffer
2 Hühnerbrüste, mit Schmetterlingsschnitt zu 4 Hühnerfilets halbiert und zart geklopft
2 Esslöffel Olivenöl
Pasta nach Wahl
150 g Pilze, in Scheiben geschnitten
1 grüne Paprika, entkernt und grob gewürfelt
1/2 Zwiebel, fein gewürfelt
1/2 Teelöffel getrocknetes Basilikum
1 Dose (400 g) Tomatenstücke

Für 4 Personen

1. In einer flachen Schüssel 3 Esslöffel Käse, Mehl, Salz und Pfeffer mischen. Die Hühnerfilets darin wälzen.

2. In einer Bratpfanne Öl erhitzen. Die Filets auf jeder Seite 4 Min. anbraten. Auf Küchenpapier, dann auf eine Platte legen und warm halten.

3. Einen großen Topf mit Salzwasser erhitzen und die Pasta nach Packungsanweisung al dente kochen.

4. In dem restlichen Öl Pilzescheiben, Paprika- und Zwiebelwürfel weich dünsten. Basilikum und Tomatenstücke hinzufügen und 8 bis 10 Min. eindicken lassen. Die Sauce über die Hühnerfilets gießen und mit 3 Esslöffel Käse bestreuen. Mit der Pasta servieren.

Fisch mit Sauerrahm (Betyar Fogas)

FÜR 4 PERSONEN

1. Den Backofen auf 180 °C vorheizen.

2. Die Fischfilets waschen, trockentupfen und in einer feuerfesten Form auslegen.

3. In einer Pfanne die Pilzscheiben und Zwiebelwürfel in Butter unter Rühren 4 Min. anbraten. Über die Fischfilets geben und mit Salz und Pfeffer würzen.

4. Sauerrahm und Käse verrühren und über die Pilzmischung streichen. Mit Semmelbröseln bestreuen. 25 bis 30 Min. im Ofen garen. Mit Paprikapulver und Petersilie garnieren.

500 g Fischfilets
1 Esslöffel Butter
150 g Pilze, in Scheiben geschnitten
1 kleine Zwiebel, gewürfelt
1/2 Teelöffel Salz
1 Messerspitze schwarzer Pfeffer
110 ml Sauerrahm
3 Esslöffel geriebener Parmesan
2 Esslöffel Semmelbrösel
1/2 Teelöffel Paprikapulver
2 Esslöffel frische Petersilie, gehackt

Newport Harbor

Sunset over Riga

Bœuf Stroganoff

Für 4 Personen

500 g Rinderlende oder Lendensteak
2 x 2 Esslöffel Butter
230 g Pilze, in Scheiben geschnitten
1 mittelgroße Zwiebel, gewürfelt
1 Knoblauchzehe, gehackt
1 Teelöffel Instant-Bouillonpulver
1 Teelöffel Salz
1 Messerspitze schwarzer Pfeffer
120 ml Wasser
220 ml Sauerrahm
1/2 Teelöffel Senf
2 Esslöffel frische Petersilie, gehackt

1. Mit einem scharfen Messer die im Gefrierfach 1 1/2 Std. angefrorene Rinderlende gegen die Faser in Streifen schneiden.

2. In einer großen Pfanne 2 Esslöffel Butter erhitzen und darin die Pilzscheiben, Zwiebel- und Knoblauchwürfel zugedeckt 5 bis 10 Min. unter gelegentlichem Umrühren dünsten. Das Ganze in eine Schüssel umfüllen.

3. In der Pfanne die restliche Butter erhitzen und die Rindfleischstreifen 5 Min. anbraten, mit Bouillonpulver, Salz und Pfeffer bestreuen und mit Wasser ablöschen. Nach dem Aufkochen zugedeckt ca. 10 Min. köcheln lassen. Pilz-Zwiebel-Knoblauch-Mischung, Sauerrahm und Senf zugeben und kurz mitkochen.

4. Mit Petersilie garnieren und dazu Nudeln oder Reis reichen.

Rindfleisch nach Großmutterart

1 Esslöffel Pflanzenöl
500 g Hackfleisch vom Rind
1 Zwiebel, gewürfelt
1 Knoblauchzehe
1/2 Paprika, entkernt und gewürfelt
1 Esslöffel Chilipulver
2 Dosen (400 g) geschälte Tomaten
1 Dose (200 g) Tomatensauce
1 Dose (400 g) Kidneybohnen

Meine deutsche Großmutter Louise, von der dieses Rezept stammt, war eine großartige Köchin.

FÜR 4 PERSONEN

1. In einer großen Pfanne das Öl erhitzen und darin Hackfleisch und Zwiebeln 5 Min. anrösten. Knoblauch, Paprikawürfel und Chilipulver hinzufügen und 3 Min. mitbraten. Die restlichen Zutaten aus der Dose hineingeben und 30 Min. unter gelegentlichem Umrühren köcheln lassen.

2. Auf Wunsch mit Makkaroni (nach Packungsanleitung im kochenden Salzwasser al dente gekocht) servieren.

Luxembourg Gardens

Paris, City of Lights

Coq au Vin Rosettes

Für 8 Personen

1. Den Backofen auf 160 °C vorheizen.

2. In einer Pfanne Butter schmelzen und darin Pilzscheiben und Zwiebelwürfel unter gelegentlichem Umrühren 5 Min. anbraten. Hühnchenstücke, Wein, Estragon, weißer Pfeffer und Salz hinzufügen und nach dem Aufkochen zugedeckt 5 Min. köcheln lassen.

3. Die 8 gekochten Lasagneblätter der Länge nach halbieren und aus den Hälften je einen Ring (6 cm Durchmesser) bilden. Die 16 Ringe mit der Schnittseite nach unten in eine feuerfeste Form setzen und die Hühnchen-Pilz-Mischung in die einzelnen Ringe einfüllen.

4. Den Bratensaft in der Pfanne zurückhalten, erhitzen und darin erst den Frischkäse, dann bei reduzierter Hitze Sauerrahm, Mehl und Sahne-Milch-Gemisch einrühren und die Sauce unter ständigem Rühren eindicken lassen. Über die Hühnchen-Pilz-Mischung gießen, gegebenenfalls mit Mandelblättchen bestreuen und zugedeckt 35 Min. im Ofen backen.

2 Esslöffel Butter
250 g Pilze, in Scheiben geschnitten
1 Zwiebel, gehackt
4 Hühnerbrüste, mit Schmetterlingsschnitt zu 8 Hühnerfilets halbiert und grob gewürfelt
180 ml Weißwein
1/2 Esslöffel getrockneter, gemörserter Estragon
1 Messerspitze weißer Pfeffer
1 Messerspitze Salz
8 Lasagneblätter, nach Packungsanleitung gekocht
1 Frischkäse (250 g; ggf. fettarm)
350 ml Sauerrahm (ggf. fettarm)
2 Esslöffel Mehl
110 ml Sahne-Milch-Gemisch (ggf. fettarme Sahne oder Milch)
100 g geriebener Gruyère
100 g Tasse Munsterkäse
20 g Mandelblättchen (optional)

Französisches Knoblauchhuhn

2 Hühnerbrüste, mit Schmetterlingsschnitt zu 4 Hühnerfilets halbiert
1/4 Teelöffel Salz
1/4 Teelöffel schwarzer Pfeffer
1 Esslöffel Pflanzenöl
40 Knoblauchzehen, ungeschält
110 ml trockener Weißwein
110 ml + 2 Esslöffel Hühnerbrühe
1 Esslöffel frisch gepresster Zitronensaft
1 Teelöffel getrocknetes, gemörsertes Basilikum
1/2 Teelöffel getrockneter, gemörserter Oregano
4 Teelöffel Mehl

FÜR 4 PERSONEN

1. Die Hühnerfilets waschen, trockentupfen und mit Salz und Pfeffer würzen.

2. In einer großen Pfanne das Öl erhitzen und darin die Knoblauchzehen und die Filets auf jeder Seite 2 bis 3 Min. goldbraun anbraten. Den Wein und 110 ml Brühe, Zitronensaft, Basilikum und Oregano hinzugeben und zugedeckt 6 bis 8 Min. köcheln lassen. Hühnerfilets und Knoblauchzehen auf eine Platte geben und warm halten. Den Bratensaft zurückhalten.

3. In einer kleinen Schüssel Mehl und 2 Esslöffel Brühe verrühren, in den Bratensaft einrühren und kurz aufkochen.

4. Die Sauce über die Hühnerfilets verteilen und mit Kartoffelbrei oder Reis servieren.

ANMERKUNG: *Sie können den Knoblauch vor dem Kochen auch schälen, dann schmeckt er intensiver. Quetschen Sie dazu die Zehe mit der Breitseite eines Messers leicht, bis die Haut aufspringt.*

Charleston, Sunset on Rainbow Row

Paris, Eiffel Tower

Jakobsmuscheln

FÜR 4 PERSONEN

1 kleine Zwiebel
1 Sellerieknolle
1 Lorbeerblatt
1 Zitronenspalte
500 ml Wasser
1 Prise Salz
1 Prise Pfeffer
120 ml trockener Weißwein
500 g Jakobsmuscheln
8 frische Pilze
5 Esslöffel Butter
3 Esslöffel Mehl
2 Eigelbe
200 ml Sahne
1 Teelöffel frisch gepresster Zitronensaft

1. In einem großen Suppentopf Zwiebel, Sellerie, Lorbeerblatt, Zitrone, Wasser, Salz und Pfeffer nach dem Aufkochen 10 Min. köcheln lassen, Weißwein und Jakobsmuscheln hinzufügen und weitere 5 bis 10 Min. (abhängig von der Größe der Muscheln) bei geringer Hitze kochen. Die Muscheln aus dem Sud nehmen und warm stellen. Den Sud reduzieren.

2. Die Pilze in 1 Esslöffeln Butter anbraten und beiseite stellen.

3. In den restlichen 4 Esslöffel Butter das Mehl schaumig rühren. Nach und nach den Muschelsud einrühren. Die Eigelbe mit der Sahne verschlagen und die Mischung langsam zur Sauce geben. Pilze, Muscheln und Zitronensaft dazugeben, mit Salz und Pfeffer würzen.

4. Den Grill im Backofen anheizen. Die Muscheln in einer großen feuerfesten Form entweder einlagig auf dem Boden oder in dekorativen Muschelschalen anrichten, mit Sauce übergießen und überbacken, bis die Oberfläche goldbraun ist. Mit Baguette servieren.

Rindfleisch mit Spargel

500 g Lendensteak, gegen die Faser in dünne Streifen geschnitten
2 x 1 Esslöffel Pflanzenöl
1 kg Spargel, geschält und in diagonale Stücke (3 cm) geschnitten
2 x 110 ml Wasser
1 Esslöffel asiatische Schwarze-Bohnen-Paste
1/2 Teelöffel Speisestärke

Für 4 Personen

1. In einem Wok (oder einer großen Pfanne) 1 Esslöffel Öl erhitzen, bis es raucht. Darin Spargelstücke 2 Min. unter Rühren anbraten, mit 110 ml Wasser ablöschen und bei geschlossenem Deckel 3 Min. kochen. Herausnehmen und beiseite stellen.

2. Im Wok das restliche Öl erhitzen, Rindfleischstreifen und Schwarze-Bohnen-Paste darin unter ständigem Rühren 4 Min. anbraten, die Spargelstücke dazugeben und kurz mitkochen. In einer kleinen Schüssel die Speisestärke mit dem Wasser verquirlen, im Wok verrühren und kurz aufkochen, damit die Sauce andickt.

3. Das Gericht im Wok nach Belieben mit Reis oder asiatischen Nudeln servieren.

Pasta Veneziana mit Anchovis

Fettucini oder Spaghetti für
4 Personen
6 Anchovis (in Salz eingelegt)
Einige Stängel glatte Petersilie
5–6 Knoblauchzehen
etwa 150 ml Olivenöl
170 g geriebener Parmesan
Frisch geriebener schwarer Pfeffer

Dieses Rezept bringe ich stets mit unserem wunderschönen Venedigaufenthalt und dem auf Seite 57 abgebildeten Gemälde in Verbindung, das einen kleinen venezianischen Kanal zeigt. Am Tag, als Thomas das Bild vollendete, bestellte er sich dieses Gericht zum Mittagessen.

Für 4 Personen

1. Die Anchovis abspülen und filetieren. Zwei Anchovis zur Garnitur in schmale Streifen schneiden, die restlichen in Würfel. 4 bis 5 Esslöffel Petersilie hacken, die Knoblauchzehen abziehen und klein schneiden.

2. Die Pasta nach Packungsanweisung in Salzwasser fast al dente kochen, abtropfen lassen und in einer Pfanne mit Öl und Knoblauch mischen, bei geringer Hitze kurz anbraten, Anchovis und Petersilie unterheben und mit schwarzem Pfeffer und Parmesan bestreuen.

3. In tiefen Pastatellern mit den Anchovisstreifen garniert servieren.

A View from Cannery Row, Monterey

Fischfilets mit Spinat

Für 4 Personen

1. Den Backofen auf 180 °C vorheizen.
2. Die Fischfilets waschen und trockentupfen.
3. In einer Pfanne Butter zum Schmelzen bringen. Mehl, Bouillonpulver, Cayenne- und weißer Pfeffer sowie Milch und abschließend den Käse zu einer glatten Sauce verrühren, kurz aufkochen und Hitze erst reduzieren, wenn der Käse geschmolzen ist.
4. Den Spinat in eine feuerfeste Form füllen und mit Zitronensaft beträufeln. Die Fischfilets auf das Spinatbett legen und die Sauce darübergießen.
5. Für 20 bis 25 Min. in den vorgeheizten Ofen schieben.
6. Zum Servieren mit geriebenem Parmesan und Paprikapulver bestreuen.

500 g Fischfilets
2 Esslöffel Butter
2 Esslöffel Mehl
1 Teelöffel Instant-Hühnerbouillonpulver
1 Messerspitze Cayennepfeffer
1 Messerspitze weißer Pfeffer
250 ml Milch
75 g geriebener Cheddarkäse oder Emmentaler
1 Packung (300 g) gefrorene Spinatwürfel, aufgetaut und abgetropft
1 Esslöffel frisch gepresster Zitronensaft
2 Esslöffel geriebener Parmesan
1/2 Teelöffel Paprikapulver

Irisches Brot

500 g Mehl
3 Esslöffel Zucker
1 Esslöffel Backpulver (doppelaktiv)
1 Teelöffel Salz
1 Teelöffel Backnatron
6 Esslöffel Butter
2 Eier
300 ml Buttermilch

Für 1 Laib

1. Den Backofen auf 180 °C vorheizen. Eine runde feuerfeste Form ausfetten.

2. In einer großen Schüssel Mehl, Zucker, Backpulver und -natron sowie Salz und gestückelte Butter mit einer Gabel zu einer krümeligen Masse verarbeiten.

3. Die Eier aufschlagen. 1 Esslöffel der Eimasse zum Bestreichen des Brotteiges zurückhalten. Buttermilch und Eier zu der Mehlmischung geben und das Ganze vermengen, sodass ein klebriger Teig entsteht. Auf einer bemehlten Arbeitsfläche den Teig mit bemehlten Händen 10 Min. durchkneten, zu einem Ball formen und in die vorbereitete Form geben. Die Oberfläche mit einem Messer kreuzweise einschneiden und mit dem Ei bestreichen.

4. Das Brot 70 Min. im Ofen backen. Erst in der Form, nach 10 Min. auf einem Gitter auskühlen lassen.

Anmerkung: *Bei der Variante mit Rosinen werden nur 500 g Mehl verwendet, und zu den unter Schritt 2 aufgeführten Zutaten kommen noch die Rosinen dazu.*

Liberty Plaza, Philadelphia

Schwedisches Roggenbrot

2 Würfel Trockenhefe
350 ml warmes Wasser
70 g brauner Zucker
100 ml Zuckersirup
1 Esslöffel Salz
1 Esslöffel Anis- oder Fenchelsamen, gemörsert
1 Esslöffel Zesten von einer unbehandelten Orange
320 g Roggenmehl
320 g Mehl
2 Esslöffel Pflanzenöl zum Ausfetten von Schüssel und Backblech

FÜR 2 LAIBE

1. In einer großen Schüssel die zerbröselte Hefe in warmem Wasser auflösen. Mit braunem Zucker, Zuckersirup, Salz, Anis- oder Fenchelsamen, Orangenzesten und Roggenmehl vermischen, Mehl hinzufügen und zu einer geschmeidigen Teigkugel verarbeiten.

2. Den Teig auf einer bemehlten Arbeitsfläche mit einem Handtuch bedecken und 10 bis 15 Min. ruhen lassen. Danach 5 Min. durchkneten, in eine ausgefettete Schüssel geben, erneut mit einem Handtuch bedecken und an einem warmen Platz ca. 1 Std. gehen lassen, bis sich das Volumen des Teiges verdoppelt hat.

3. Den Teig aus der Schüssel nehmen, halbieren, jeweils einen runden, abgeflachten Laib formen und auf ein gefettetes Blech legen. Mit einem Handtuch bedecken und nochmals 1 Std. gehen lassen, bis sich das Teigvolumen verdoppelt hat.

4. Den Backofen auf 190 °C vorheizen. Die Brotlaibe 40 bis 50 Min. backen, bis sie beim Beklopfen hohl klingen. Auf einem Gitter abkühlen lassen.

Französische Schokoladencreme

Für 6 Portionen

340 ml Sahne-Milch-Gemisch
200 g zartbittere Schokoladensplitter
3 Eier
70 g Zucker für die Creme
1 Messerspitze Salz
110 ml Schlagsahne
1 Esslöffel Zucker
2 Esslöffel Brandy, Orangenlikör oder Crème de menthe (optional)

1. Den Backofen auf 180 °C vorheizen.

2. In einem Topf bei geringer Hitze die Schokoladensplitter in dem Sahne-Milch-Gemisch unter ständigem Rühren schmelzen und langsam abkühlen lassen.

3. In einer Schüssel die Eier mit Zucker und Salz verschlagen. Nach und nach in die abgekühlte Schokoladenmasse einrühren. In 6 Soufflé-Förmchen abfüllen.

4. In eine große feuerfeste, mit heißem Wasser gefüllte Form setzen und im Wasserbad 20 bis 25 Min. backen. Aus dem Ofen nehmen und kalt werden lassen. Zugedeckt mindestens 4 Std. in den Kühlschrank stellen.

5. In einer sauberen Schüssel die Schlagsahne mit 1 Esslöffel Zucker steif schlagen, gegebenenfalls Brandy, Orangenlikör oder Crème de menthe einrühren. Damit die Schokoladencreme garnieren.

Irish Coffee

1 kurzstieliges, tulpenförmiges Glas
3 Teelöffel Zucker
180 ml heißer Kaffee
1 Schnapsglas Irischer Whiskey
50 ml Sahne, cremig geschlagen

Dieses Rezept stammt von der berühmten »Buena Vista Bar« in einer unserer Lieblingsstädte: San Francisco.

FÜR 1 GETRÄNK

1. Das Glas mit heißem Wasser vorwärmen.

2. Den Zucker in das Glas füllen und sofort mit heißem Kaffee übergießen, rühren, bis der Zucker sich aufgelöst hat. Irischen Whiskey hinzufügen und mit einem Klecks Sahne garnieren. Sofort heiß trinken.

Emerald Isle

Kulinarische Spurensuche

5·2·8·2
Thomas Kinkade

Dänische Æbleskiver (Pfannkuchen)

Basisrezept:

250 g Mehl
1 Teelöffel Backpulver
1 Teelöffel Backnatron
4 Eigelb
4 Eiweiß
1 Esslöffel Zucker
1/2 Teelöffel Salz
Knapp 500 ml Milch
60 g zerlassene Butter
Puderzucker

Für 6 Personen

1. In einer Schüssel Mehl, Backpulver und -natron vermischen. In einer zweiten Schüssel Eigelbe mit Zucker, Salz und Milch und anschließend mit der Mehlmischung zu einem glatten Teig verrühren.

2. Die Eiweiße steif schlagen und vorsichtig unter den Teig heben.

3. In einer Pfanne Butter für jeden Pfannkuchen schmelzen und bei mittlerer Hitze auf beiden Seiten goldbraun ausbacken. Zum Servieren mit Puderzucker bestäuben.

Variationen

Buttermilch-Æbleskiver:

250 g Mehl
1 Teelöffel Backpulver
1 Teelöffel Backnatron
3 Eigelb
3 Eiweiß
2 Esslöffel Zucker
1/2 Teelöffel Salz
500 ml Buttermilch
60 g zerlassene Butter
Puderzucker

Sauerrahm-Æbleskiver:

250 g gesiebtes Mehl
1 Teelöffel Backpulver
1 Teelöffel Backnatron
3 Eigelb
3 Eiweiß
2 Esslöffel Zucker
1/2 Teelöffel Kardamom
1/4 Teelöffel Salz
250 ml Sauerrahm
150 ml Milch
60 g zerlassene Butter

Almost Heaven

Haferflocken-Nuss-Waffeln

180 g Vollkornmehl
2 Teelöffel Backpulver
1/2 Teelöffel Salz
450 ml Milch
2 Eier
4 Esslöffel zerlassene Butter
2 Esslöffel Honig
75 Haferflocken
130 g gehackte Walnüsse

FÜR 12 WAFFELN

1. In einer mittelgroßen Schüssel Mehl, Backpulver und Salz vermengen. In einer zweiten Schüssel Milch, Eier, Butter und Honig verschlagen und mit dem Mehl zu einem glatten Teig verrühren. Haferflocken und Nüsse unterheben.

2. Die Waffeln in einem Waffeleisen ohne Fett goldbraun ausbacken. Nach Belieben mit Butter und Honig servieren.

The Valley of Peace

Guardian Castle

Scones (englische Variante)

Für 12 Stück

Butter zum Einfetten des Blechs
4 Esslöffel zerlassene Butter
110 ml Sauerrahm
60 ml Milch
1 Ei
250 g Mehl mit Backpulverzusatz
1 Messerspitze Salz

1. Den Backofen auf 230 °C vorheizen. Ein Backblech mit Butter einfetten.

2. Die Butter mit Sauerrahm, Milch und Ei verquirlen. Mehl und Salz hinzufügen und zu einem geschmeidigen Teig verarbeiten. Auf einer Arbeitsfläche kurz durchkneten und mit der Hand auf 2 cm flach drücken. Mit einer Ausstechform (5 cm Durchmesser) 12 Teigkreise ausstechen und auf das Blech legen. 10 bis 12 Min. goldbraun backen.

Scones mit Heidelbeeren

350 g Mehl
150 g Zucker
1 Esslöffel Backpulver
1 Teelöffel Backnatron
3/4 Teelöffel Salz
6 Teelöffel ungesalzene Butterwürfel
1 Esslöffel Weißweinessig
250 ml Milch
1 Teelöffel Zesten einer unbehandelten Orange
1 Ei
150 g frische Heidelbeeren
1 Eiweiß
2 Esslöffel Kristallzucker

Für 12 Stück

1. Den Backofen auf 230 °C vorheizen. Ein Backblech mit Backpapier auslegen.

2. In einer Schüssel Mehl, Zucker, Backpulver und -natron sowie Salz vermengen. Mit den restlichen Zutaten – Butterwürfel, Essig, Milch, Orangenzesten und Ei – mit einem elektrischen Rührgerät zu einem geschmeidigen Teig verarbeiten und zum Schluss vorsichtig die Heidelbeeren einrühren.

3. Kleine Teighäufchen im Abstand von 5 cm auf das vorbereitete Blech setzen, mit Eiweiß bestreichen und mit Zucker bestreuen.

4. Im Ofen 12 bis 15 Min. goldbraun backen und auf einem Gitter auskühlen lassen.

»Müsli«-Muffins

Für 12 Stück

1. Den Backofen auf 180 °C vorheizen. Auf einem Backblech 12 Papiermuffinförmchen platzieren.

2. In einer Schüssel Mehl, geschrotete Leinsamen, Haferkleie, braunen Zucker, Backpulver und -natron sowie Salz und Zimt vermengen. In einer zweiten Schüssel Milch, Eier und Vanille verquirlen und mit der Mehl-Mischung verrühren. Karotten, Äpfel und gegebenenfalls Rosinen und Nüsse hinzufügen und gut vermischen.

3. Die Masse auf die 12 Muffinförmchen verteilen und 15 bis 20 Min. backen.

4. Aus dem Ofen nehmen und auf einem Gitter auskühlen lassen.

190 g Mehl
100 g geschrotete Leinsamen
80 g Haferkleie
180 g brauner Zucker
1 Teelöffel Backpulver
2 Teelöffel Backnatron
1/2 Teelöffel Salz
2 Teelöffel gemahlener Zimt
180 ml Milch
2 Eier
1 Teelöffel Vanille
200 g geraspelte Karotten
2 geschälte und geraspelte Äpfel
60 g Rosinen (optional)
120 g gehackte Nüsse (optional)

Bananen-Muffins

1250 g Mehl
2 1/2 Teelöffel Backpulver
2 1/2 Teelöffel Backnatron
2 1/2 Teelöffel Salz
30 g weiche Butter
1 kg Zucker
1 l Milch
6 Eier
1 Esslöffel Vanille
10 überreife, zerdrückte Bananen

Wenn wir unsere Bananen nicht aufgegessen haben, frieren wir die überreifen Stücke ein. So haben wir immer welche für unsere Muffins vorrätig.

FÜR 48 STÜCK (IDEAL FÜR EINEN KINDERGEBURTSTAG!)

1. Den Backofen auf 160 °C vorheizen. Auf die für diese Menge nötigen Backbleche Papiermuffinförmchen platzieren.

2. In einer sehr großen Schüssel Mehl, Backpulver und -natron sowie Salz vermengen. In einer weiteren Schüssel Butter mit einem Teil des Zuckers schaumig rühren. Den restlichen Zucker, Milch, Eier, Vanille und zerdrückte Bananen verquirlen und mit der Mehl-Mischung zu einem geschmeidigen Teig verrühren.

3. Die Muffinförmchen mit einem gehäuften Löffel Teig füllen und 35 Min. backen.

4. Aus dem Ofen nehmen und auf einem Gitter auskühlen lassen.

Granola

150 g Haferflocken
50 g brauner Zucker
60 ml Pflanzenöl
60 ml Wasser
1/4 Teelöffel gemahlener Zimt
1/3 Teelöffel Salz
70 g Mandeln
1 Teelöffel Vanille

Meine Mutter Nancy backte Granola immer in rauen Mengen, weil ich sie früher sowohl zum Frühstück als auch als Snack liebte, wie meine Töchter heute. Granola gehörten auch zu den Lieblingsgerichten meines Vaters Ed Willey.

1. Den Backofen auf 150 °C vorheizen.

2. In einer Schüssel sämtliche Zutaten gründlich verrühren, die Masse auf ein Backblech verteilen und 30 Min. goldbraun backen.

Heather's Hutch

Hummus

1 Dose (400 g) Kichererbsen
40 g Tahini (Sesampaste; oder geröstete Sesamsamen)
2 Esslöffel Olivenöl
3 Esslöffel frischer Zitronensaft
1 zerdrückte Knoblauchzehe
1/4 Teelöffel gemahlener Kreuzkümmel
Salz, schwarzer Pfeffer

Zum Garnieren:
Olivenöl
Gehackte frische Petersilie

Vor ein paar Jahren besuchten wir das Heilige Land zum ersten Mal – ein unvergessliches Erlebnis, auch was das Essen anbetraf. Unser Favorit war Hummus, eine gesunde und zugleich schmackhafte Vorspeise.

Für 8 Portionen

1. Die Kichererbsen abtropfen und die Flüssigkeit auffangen. Mit der Sesampaste (oder den Sesamsamen), Olivenöl, Zitronensaft, Knoblauch, Kreuzkümmel und 1/4 Tasse der Kichererbsenflüssigkeit mit einem Mixer pürieren.

2. Mit Salz und Pfeffer würzen. Mit Olivenöl und gehackter Petersilie garnieren. Dazu Fladenbrot reichen.

Pesto

Für 1 Tasse

4 Hand voll frische Basilikumblätter
100 ml Olivenöl
2 Esslöffel Pinienkerne
2 Knoblauchzehen, zerdrückt
1 Teelöffel Salz
60 g geriebener Parmesan

1. Alle Zutaten außer dem Käse mit dem Mixstab pürieren. Den geriebenen Parmesan einrühren.

Anmerkung: *Pesto können Sie auf Vorrat herstellen. Es hält sich im Kühlschrank ca. eine Woche. Bevor Sie das Pesto über die Pasta geben, wird es mit einem Esslöffel von dem Pastakochwasser verdünnt.*

Gefüllte & gebackene Zucchini

Meine Eltern hatten einen großen Garten, und im Sommer gab es Zucchini in rauen Mengen, sodass wir stets nach Mitteln suchten, ihrer Herr zu werden, wie mit diesem Rezept, das sogar Zucchinimuffel überzeugen dürfte!

Für 4 Personen

1. Den Backofen auf 180 °C vorheizen.

2. Die Zucchini der Länge nach halbieren. Mit einem Löffel die Kerne und wenig Fruchtfleisch auskratzen und in einer Schüssel beiseite stellen.

3. In einer Pfanne Öl erhitzen, Knoblauch und Zwiebeln darin 3 Min. glasig dünsten. Ausgekratztes Fruchtfleich, Zucchiniraspel und Tomaten (Würfel und getrocknet) hinzufügen und 3 Min. unter Rühren mitkochen. Am Schluss Parmesan und Petersilie dazugeben, mit Salz und Pfeffer würzen und vom Herd nehmen.

4. Die Zucchinihälften in einer feuerfesten Form platzieren, jeweils mit einem Viertel der Zucchini-Masse füllen, mit Semmelbrösel bestreuen und 15 bis 20 Min. im Ofen backen, bis die Kruste goldbraun ist.

3 mittelgroße Zucchini, 2 der Länge nach halbiert, 1 geraspelt
60 ml Olivenöl
1 Knoblauchzehe, gehackt
1 mittelgroße Zwiebel, gewürfelt
1 mittelgroße Tomate, gewürfelt
2 getrocknete Tomaten
2 Esslöffel geriebener Parmesan
1 Esslöffel gehackte frische Petersilie
Salz
Schwarzer Pfeffer
2 Esslöffel Semmelbrösel

Krabbenküchlein

500 g Krabbenfleisch
1 Esslöffel Margarine
4 Knoblauchzehen, gehackt
1/2 Bund Frühlingszwiebeln, in Ringe geschnitten
1 Hand voll gehackte Petersilie
1/4 Teelöffel Salz
1/4 Teelöffel schwarzer Pfeffer
1/4 Teelöffel gezupfte Basilikumblätter
180 ml Crème double
120 g Paniermehl
Pflanzenöl zum Frittieren

Remouladensauce
(Rezept siehe nächste Seite)

Dieses Rezept erinnert uns an die besseren Zeiten von New Orleans vor dem Hurrikan Katrina. Wir sind inzwischen nach Arkansas umgezogen, und wenn wir Sehnsucht nach unserer alten Heimat haben, bereite ich meiner Frau dieses Gericht zu.

Für 5–6 Personen

1. Das Krabbenfleisch auf Schalenreste untersuchen und ggf. entfernen.

2. In einem Topf Margarine schmelzen, darin Knoblauch, Frühlingszwiebeln und Petersilie kurz andünsten, Krabbenfleisch und die Gewürze hinzufügen. Dann die Crème double und die Semmelbrösel hineinrühren. Die Masse, die nun abkühlen muss, sollte nicht zu flüssig sein.

3. Die Krabbenküchlein formen (8 cm Durchmesser) und auf einer Platte für 2 Stunden in den Kühlschrank stellen, damit sie fest werden.

4. Die Krabbenküchlein in einer Ei-Milch-Mischung sowie in Semmelbrösel wälzen und in der Fritteuse bei 185 °C in 3 Min. auf beiden Seiten goldbraun ausbacken. Dazu Remouladensauce reichen.

Rezept und Kommentar von Tommy Centola

Remouladensauce

1. Essig, Meerrettichsenf, Cayennepfeffer, Paprikapulver, Ketchup, Knoblauch und Salz vermischen. Öl langsam unter ständigem Rühren dazugießen, am Schluss Sellerie und Frühlingszwiebeln in die Sauce einrühren.

2. Die Remouladensauce bis kurz vor Gebrauch in den Kühlschrank stellen.

120 ml Estragonessig
4 Esslöffel Meerrettichsenf
1/2 Teelöffel Cayennepfeffer
1 Esslöffel Paprikapulver
2 Esslöffel Ketchup
1 Knoblauchzehe, gehackt
1 Teelöffel Salz
250 ml Salatöl
70 g klein geschnittener Sellerie
1 Bund klein geschnittene Frühlingszwiebeln

Pine Cove Cottage

The End of a Perfect Day III

Huhn-Brokkoli-Reis-Kasserolle

FÜR 6 PERSONEN

1. In einem Schmortopf Butter erhitzen und darin Zwiebeln und Pilze gut anbraten. Reis, Hühnchen, Brokkoli, Käse und Pilzsuppe hinzufügen und gut verrühren.

1. Die Mischung in eine mikrowellentaugliche Form umfüllen und für 3 Min. in die Mikrowelle stellen.

1 Esslöffel Butter
1/2 Zwiebel, gewürfelt
90 g Pilze, in Scheiben geschnitten
800 g Naturreis
400 g gekochtes Hühnchen, entbeint und in Stücke geschnitten
400 g gekochte Brokkoliröschen
100 g Cheddarkäse
1,5 l Pilzsuppe

»El Dorado«-Rindfleisch-Kasserolle

250 g Hackfleisch vom Rind
1 mittelgroße Zwiebel, gewürfelt
1 Esslöffel Pflanzenöl
1/4 Teelöffel Chilipulver
500 ml Tomatensauce
220 g Cheddarkäse, gerieben
250 ml Sauerrahm
1 Packung Tortillachips, zerbröselt

Thomas' Mutter Anne erfand dieses Rezept für ihren kleinen Sohn, und das Gericht wurde zu seinem Geburtstagstagsessen, das Thomas sich auch heute noch ab und zu wünscht.

Für 6 Personen

1. Den Backofen auf 190 °C vorheizen.

2. In einer Pfanne Hackfleisch und Zwiebeln in Öl anbraten, mit Chilipulver würzen, die 2 Dosen Tomatensauce und 1 Dose Wasser zufügen und 2 bis 3 Min. köcheln lassen.

3. Ein Drittel der Masse in eine feuerfeste Form füllen. Mit einem Drittel der zerbröselten Tortillachips bestreuen und ein Drittel des Sauerrahms darübergießen. Das Ganze noch zwei Mal wiederholen.

4. Für 30 Min. in den vorgeheizten Backofen schieben.

Würstchen im Schlafrock

Eine Silvestertradition im Hause Kinkade. Und auch bei meinen Töchtern lebt dieser Brauch weiter!

Für 6 Personen

6 Platten Blätterteig, tiefgefroren und aufgetaut
12 Frankfurter Würstchen
100 g Cheddarkäse, in Streifen geschnitten
1 Ei

1. Den Backofen auf 190 °C vorheizen.

2. In der Zwischenzeit das Ei trennen, die aufgetauten Blätterteigplatten mit wenig Mehl bestäuben und die Platten jeweils längs auf die doppelte Größe ausrollen, halbieren, die Teigränder mit Eiweiß bepinseln und jede Hälfte mit einem Würstchen und Cheddarkäse belegen, einrollen und die Teigränder etwas andrücken. Auf ein mit Backpapier belegtes Blech legen und mit Eigelb bepinseln. Ca. 20 Min. im Ofen goldbraun backen.

Clearing Storms

»Sloppy Joe«-Sandwiches

FÜR 6 PERSONEN

1. In einer Pfanne Öl erhitzen und darin das Hackfleisch und die Zwiebelwürfel anbraten. Suppe, Senf und Pfeffer hinzufügen und 5 Min. unter gelegentlichem Umrühren kochen.

2. Die Brötchen halbieren und toasten, darauf die Hackfleischmasse verteilen und sofort servieren.

500 g Hackfleisch vom Rind
1/2 gewürfelte Zwiebel
1 Esslöffel Pflanzenöl
1 Dose Tomatensuppe (Campell's oder ein entsprechendes europäisches Produkt)
1 Esslöffel Senf
1 Messerspitze schwarzer Pfeffer
6 Brötchen

Apple Crisp

Snacks am Nachmittag müssen gesund, aber auch schmackhaft sein. Meine Töchter und ich denken dabei nur an Apple Crisp!

Für 8 Portionen

Füllung:

7–8 große Äpfel, geschält, entkernt und in Spalten geschnitten
3 Esslöffel Zucker
1 Esslöffel frisch gepresster Zitronensaft

Oberschicht:

120 g Mehl
60 g Haferflocken
75 g weißer Zucker
60 g brauner Zucker
1/2 Teelöffel gemahlener Zimt
1/4 Teelöffel Salz
110 g kalte ungesalzene Butter, gewürfelt
60 g gehackte Pekan- oder Walnüsse (optional)

1. Den Backofen auf 220 °C vorheizen und eine mittelgroße feuerfeste Form mit Butter ausfetten. Den Boden mit Apfelspalten auslegen, Zucker und Zitronensaft mischen und darüberträufeln.

2. Für die Oberschicht in einer großen Schüssel mit einem elektrischen Rührgerät Mehl, Haferflocken, weißer und brauner Zucker, Zimt, Salz und Butter vermischen, gegebenenfalls die Nüsse unterheben, und mit der Masse die in der Form ausgelegten Apfelspalten bedecken.

3. Im Ofen 30 Min. goldbraun und knusprig backen.

Hometown Memories I

Days of Peace

Maisbrot

Für 12 Portionen

300 g Mehl
130 g Maismehl
2 1/2 Teelöffel Backpulver
1 Teelöffel Backnatron
1 Teelöffel Salz
1 Teelöffel Zucker
110 ml Milch
3 Teelöffel Zitronensaft
2 Eier
100 ml Pflanzenöl + Öl zum Ausfetten der Form
100 g Mais aus der Dose

1. Den Backofen auf 220 °C vorheizen und eine mittelgroße feuerfeste Form mit Öl ausfetten.

2. Die Mehle, Backpulver und -natron, Salz und Zucker vermengen und beiseite stellen.

3. Milch und Zitronensaft mischen und einige Minuten stehen lassen, sodass Sauermilch entsteht. Mit Eiern und Öl verquirlen und mit dem Mais gründlich in die Mehlmischung einrühren.

4. In die vorbereitete Form umfüllen und 30 bis 40 Min. backen.

Bananenbrot

110 g Butter + Butter zum Ausfetten der Form
150 g Mehl
½ Teelöffel Salz
1 Teelöffel Backnatron
225 g Zucker
3 überreife Bananen, zerdrückt
2 Eier
100 g gehackte Walnüsse (optional)

Der Nachmittagssnack schmeckt besonders gut mit einem Glas Milch.

FÜR 1 LAIB

1. Den Backofen auf 180 °C vorheizen und eine mittelgroße feuerfeste Form mit Butter ausfetten.

2. Mehl, Salz und Backnatron vermengen. Butter zuerst mit dem Zucker, dann mit den Bananen und den Eiern, schließlich mit der Mehl-Mischung und gegebenenfalls mit den gehackten Walnüssen verrühren.

3. Die Masse in eine Kastenform füllen und 45 bis 60 Min. goldbraun backen. Die Form aus dem Ofen nehmen, 15 Min. auf einem Gitter auskühlen lassen und stürzen.

Perseverance

Kürbisbrot

1 kleiner Kürbis für knapp 250 g frisches Kürbisfleisch, püriert
400 g Mehl
2 Teelöffel Backnatron
1 Teelöffel Salz
1 Esslöffel Backpulver
1 Teelöffel gemahlener Zimt
1 Teelöffel gemahlener Muskat
1 Teelöffel gemahlener Piment
1 Teelöffel gemörserte Gewürznelken
150 ml Wasser
650 g Zucker
230 ml Pflanzenöl
4 Eier

Jede Jahreszeit bietet spezielle kulinarische Erlebnisse: der Herbst Kürbisse in allen Formen und Farben, aus denen sich das bei meinen Töchtern als Snack oder Dessert beliebte Kürbisbrot herstellen lässt.

FÜR 2 LAIBE

1. Den Backofen auf 180 °C vorheizen. Zwei Kastenformen ausfetten und ausmehlen.

2. Den kleinen Kürbis schälen, entkernen und würfeln. In wenig Salzwasser weich dünsten und anschließend pürieren.

3. Das Mehl, Backnatron, Salz, Backpulver, Zimt, Muskat, Piment und Gewürznelken in eine Schüssel sieben. In einem anderen Gefäß Zucker, Öl, Kürbispüree und Eier zu einer luftigen Masse schlagen. Wasser einrühren und das Ganze mit der Mehl-Mischung verrühren.

4. Die Masse in zwei Kastenformen füllen und 45 Min. goldbraun backen. Die Formen aus dem Ofen nehmen und 15 Min. auf einem Gitter auskühlen lassen, bevor die Brote aus der Form gestürzt werden können.

Zucker-Cookies

Meine Großmutter Edna pflegte uns diese Cookies warm zum Frühstück zu servieren, nachdem uns der herrliche Duft aus der Küche geweckt hatte.

340 g Mehl
1 Teelöffel Backpulver
1 Teelöffel Backnatron
220 g Backfett oder Butter
110 g weißer Zucker
100 g brauner Zucker
1 Ei
3 Teelöffel Milch
2 Teelöffel Vanille

Für 24 Stück

1. Mehl, Backpulver und -natron in eine Schüssel sieben. In einer zweiten Schüssel mit dem elektrischen Rührgerät Backfett, weißer und brauner Zucker sowie Ei verquirlen. Milch und Vanille sowie die Mehl-Mischung hinzugeben und gut verrühren. Den Teig 1 Std. ruhen lassen.

2. Den Backofen auf 180 °C vorheizen.

3. Den Teig auf einer bemehlten Arbeitsfläche ausrollen und mit einer Ausstechform in der gewünschten Größe Kreise ausstechen, auf einem Blech platzieren und mit Zucker bestreuen. Im Ofen goldbraun backen und auf einem Gitter auskühlen lassen.

It Doesn't Get Much Better

Rosinen-Cookies

Sie ersetzen schon einmal das Frühstück, wenn meine Töchter zu spät aufgestanden sind.

FÜR 12 STÜCK

120 g Rosinen
100 g Kokosnuss, geraspelt
180 g Vollkornweizenmehl
100 Vollkornweizenflocken
1/2 Teelöffel Backpulver
1/2 Teelöffel Backnatron
1/2 Teelöffel Salz
170 g weiches Backfett
130 g brauner Zucker
2 Eier
1 Teelöffel Vanille
120 g Haferflocken

1. Die Rosinen grob hacken, mit den Kokosnussraspeln vermischen und beiseite stellen. Mehl, Weizenflocken, Backpulver und -natron sowie Salz vermengen.

2. Mit einem elektrischen Rührgerät Backfett und Zucker verquirlen, Eier und Vanille sowie die Mehl-Mischung hinzufügen und gut verrühren. Haferflocken und Rosinen-Kokosnuss-Mischung vorsichtig unterheben. Den Teig 1 Std. ruhen lassen.

3. Den Backofen auf 190 °C vorheizen.

4. Ein Bällchen Teig für jedes Cookie auf einem gefetteten Backblech platzieren und auf einen Durchmesser von 10 cm plattdrücken. 10 bis 12 Min. im Ofen goldbraun backen. Die Cookies auf einem Gitter auskühlen lassen.

Haferflocken-Rosinen-Cookies

200 g Mehl
1 Teelöffel Backnatron
1/2 Teelöffel Salz
220 g weiche Butter
180 g brauner Zucker
100 g weißer Zucker
2 Eier
1 Teelöffel Vanille
120 g Rosinen
360 g Haferflocken
1 Tasse Mini-m & m's

FÜR 48 STÜCK

1. Den Backofen auf 180 °C vorheizen.

2. Mehl, Backnatron und Salz vermengen. Mit einem elektrischen Rührgerät Butter und Zucker cremig schlagen. Eier und Vanille, dann das Mehl und abschließend vorsichtig die Rosinen, Haferflocken und Mini-m & m's verrühren.

3. Mit einem Löffel Teighäufchen auf ein gefettetes Blech setzen, 10 bis 12 Min. goldbraun im Ofen backen. Zunächst kurz auf dem Blech, dann auf einem Gitter auskühlen lassen.

Bunte Cookies

Eine Erfindung meiner Tochter! Sie suchte nach einer gesünderen Variante der klassischen M & M-Cookies. Ich denke, sie hat auch eine geschmackreichere Version geschaffen.

Für 24 Stück

270 g Mehl
1 Teelöffel Backnatron
1/2 Teelöffel Salz
4 Esslöffel Butter
130 g brauner Zucker
130 g weißer Zucker
1 Ei
1 Eiweiß
2 Teelöffel Vanille
1 Tasse m & m's

1. Den Backofen auf 190 °C vorheizen.

2. In einer Schüssel Mehl, Backnatron und Salz vermengen. Mit einem elektrischen Rührgerät Butter sowie brauner und weißer Zucker cremig schlagen. Ei, Eiweiß und Vanille, dann das Mehl und abschließend vorsichtig die m & m's hinzufügen und gut verrühren.

3. Auf ein gefettetes Blech mit einem Löffel Teighäufchen setzen, 8 bis 10 Min. goldbraun im Ofen backen und auf einem Gitter auskühlen lassen.

Sunday Outing

Erdbeerbiskuits

Für die Familie Kinkade stehen Erdbeerbiskuits – leicht, luftig, lecker – für einen sommerlichen Gaumenschmaus nach dem Schwimmen und Sonnen.

Für 4 Personen

250 g Mehl
3 Teelöffel Backpulver
1 Teelöffel Salz
2 + 1 Esslöffel Zucker
60 g Backfett
230 ml Milch
1 verquirltes Ei
450 g Erdbeeren, gewaschen, entstielt und halbiert
200 ml Schlagsahne

1. Den Backofen auf 180 °C vorheizen.

2. In einer Schüssel Mehl, Backpulver, Salz und zwei Esslöffel Zucker vermengen. Backfett zugeben und das Ganze zu einer grobkörnigen Mischung verrühren. Mit Milch zu einem klebrigen, klumpigen Teig verarbeiten.

3. Den Teig auf einer leicht bemehlten Arbeitsfläche kneten, auf eine Dicke von 2 1/2 cm ausrollen, zwei Mal diagonal teilen, die vier keilförmigen Teigstücke auf ein gefettetes Blech legen und mit Ei bepinseln. 20 Min. backen, bis der Biskuit goldbraun ist. Auf einem Gitter auskühlen lassen.

4. Die Schlagsahne mit 1 Esslöffel Zucker steif schlagen.

5. Zum Servieren die Biskuits nochmals teilen, auf die einen Hälften die Erdbeeren mit einem Klecks Sahne geben und mit den restlichen Biskuits bedecken.

Apfelkuchen

110 ml Pflanzenöl
450 g Zucker
2 Eier
2 Teelöffel Vanille
800 g geschälte Apfelspalten
250 g Mehl
1 Teelöffel Salz
2 Teelöffel gemahlener Zimt
1 Teelöffel gemahlener Muskat
2 Teelöffel Backnatron

Dieses Rezept war, als unsere Töchter noch klein waren, fester Bestandteil eines Familienrituals im Herbst, das darin bestand, einen Ausflug nach Apple Hill in Nordkalifornien zu machen, dort Äpfel zu pflücken und damit zu Hause diesen köstlichen Kuchen zu backen.

Für 10 Portionen

1. Den Backofen auf 180 °C vorheizen. Eine mittelgroße feuerfeste Form ausfetten und ausmehlen.

2. In einer Schüssel Öl, Zucker, Eier und Vanille gut verquirlen. Die Apfelspalten hinzufügen. In einer zweiten Schüssel Mehl, Salz, Zimt, Muskat und Backnatron vermengen und mit der Apfel-Mischung verrühren.

3. Die Masse in die vorbereitete Form füllen und 1 Std. im Ofen backen.

4. Der Kuchen kann nach Belieben warm oder kalt mit einem Klecks Schlagsahne serviert werden.

Amber Afternoon

Blossom Hill Church

Tante Hazels Karottenhochzeitstorte

Mit einem Karottenkuchen, den ich für Thomas im zarten Alter von 12 Jahren gebacken habe, eroberte ich sein Herz. Und Jahre später kreierte meine Tante Hazel für uns eine ganz spezielle Karottenhochzeitstorte, deren Rezept ich Ihnen hier vorstelle. Damit kann ich Thomas immer wieder begeistern.

250 g Mehl
2 Teelöffel Backpulver
1 1/2 Teelöffel Backnatron
1 Teelöffel Salz
2 Teelöffel gemahlener Zimt
2 Esslöffel Vanillezucker
350 ml Öl
450 g Zucker
5 Eier
350 g geraspelte Karotten
1 Dose Ananasstücke, abgetropft
90 g gehackte Nüsse

1. Mehl, Backpulver und -natron, Salz und Zimt und Vanillezucker in eine Schüssel sieben. In einer zweiten Schüssel Öl, Zucker und Eier verschlagen und mit der Mehl-Mischung gründlich verrühren. Karotten, Ananas und Nüsse unterheben.

2. Eine mittelgroße Backform ausfetten und ausmehlen. Die Masse einfüllen und bei 160 °C 40 bis 45 Min. backen. Abkühlen lassen und mit Glasur (Rezept siehe unten) überziehen.

Glasur

250 g Frischkäse
110 g Margarine
200 g Puderzucker
2 Esslöffel Vanille

1. Die Zutaten gut vermischen und die Glasur über den Kuchen ziehen.

Ananas-Kokosnuss-Kuchen

250 g Mehl
2 Teelöffel Backnatron
1/2 Teelöffel Salz
1 Ei
2 Esslöffel zerlassene Butter
300 g Zucker
750 g Ananasstückchen mit Saft
100 g Kokosnussstückchen

Ein Beitrag meiner Großmutter Edna zum Kinkade-Familienkochbuch. Zu den heitersten Erinnerungen an sie gehört, dass sie eine lausige Köchin war.

FÜR 12 PORTIONEN

1. Den Backofen auf 180 °C vorheizen. Eine mittelgroße Backform ausfetten und ausmehlen.

2. In einer Schüssel Mehl, Backnatron und Salz vermengen. In einer anderen Schüssel die restlichen Zutaten verquirlen und mit der Mehl-Mischung verrühren. Die Masse in die vorbereitete Backform füllen und 45 Min. goldbraun backen.

3. Den Kuchen aus dem Ofen nehmen, auf einem Gitter auskühlen lassen und mit der Glasur (Rezept siehe unten) überziehen.

Glasur

250 g weicher Frischkäse
100 g zerlassene Butter
1 Teelöffel Vanille
350 g Puderzucker
1 Esslöffel Milch

FÜR 1 KUCHEN

1. Die Zutaten gut vermischen und glatt rühren.

Erdbeer-Pie

Jeder Koch hat seine persönlichen Favoriten. So zählt diese Pie, die ich mir manchmal nur für mich alleine zubereite, zu meinen Lieblingsgerichten.

Für 8 Portionen

110 g Zucker
3 Teelöffel Speisestärke
250 ml Wasser
750 g Erdbeeren, gewaschen, entstielt und geviertelt
1 Messerspitze Salz
1 tiefgekühlte »Pie Crust«, aufgetaut und nach Packunganleitung gebacken

1. In einem Topf bei mittlerer Hitze Zucker, Speisestärke und Wasser unter ständigem Rühren 3 Min. köcheln und somit andicken lassen. Weitere 2 Min. kochen, vom Herd nehmen und langsam abkühlen lassen. Salz und die Erdbeeren einrühren. Die Masse in die vorbereitete »Pie Crust« einfüllen und 1 Std. in den Kühlschrank stellen.

Village Inn

Rhabarber-Pie

Meine Schwäche für Pies wird anhand der vielen hier vorgestellten Pie-Rezepte deutlich. Speziell einer köstlichen Rhabarber-Pie kann ich einfach nicht widerstehen!

300 g Rhabarberstücke
250 g Zucker
2 Esslöffel Mehl
2 Eigelb, geschlagen
1/2 Teelöffel Salz
Butterflöckchen

1. Den Backofen auf 200 °C vorheizen. Zucker, Mehl und Ei mit dem Rhabarber vermischen. Butterflöckchen auf die Masse setzen, 10 Min. bei 200 °C und 45 Min. bei 180 °C backen.

Heidelbeer-Dessert

Das Rezept meiner Mutter war immer der Favorit meines Bruders Ed, der sich das Dessert nicht nur zu seinem Geburtstag, sondern zu allen möglichen Gelegenheiten wünschte.

»Graham Cracker Crust«:
100 g Graham Cracker (mit Honig gesüßte Vollkorncracker), fein zerbröselt
75 g weißer Zucker
6 Esslöffel zerlassene Butter
200 g Frischkäse
2 Eier
110 g weißer Zucker
1 Teelöffel Vanille

1. Zur Herstellung der »Graham Cracker Crust« die fein zerbröselten Vollkorncracker, den weißen Zucker und die zerlassene Butter gut verrühren und mit der Mischung eine Pie-Form (23 cm) auskleiden. Bei 190 °C 7 Min. im Ofen backen und danach auskühlen lassen.

2. Den Frischkäse, die Eier, den Zucker und die Vanille in einer Küchenmaschine gut verrühren. Über die ausgekühlte »Graham Cracker Crust« gießen und 15 Min. im Ofen bei 180 °C backen. Vor dem Verzehr ruhen lassen.

Karamell-Nuss-Kuchen

180 g brauner Zucker
4 Esslöffel Butter
1 Esslöffel Maissirup
150 g gehackte Pecannüsse
1 Backmischungspackung »Hot-roll mix«
1 1/2 Teelöffel gemahlener Zimt

Für 12 Portionen

1. Den Backofen auf 180 °C vorheizen. Eine große Guglhupfbackform ausfetten und ausmehlen.

2. In einem Kochtopf bei mittlerer Hitze 90 g braunen Zucker, 2 Esslöffel Butter und den Maissirup zum Kochen bringen und rühren, bis der Zucker karamellisiert. In die vorbereitete Backform gießen und mit Nüssen bestreuen.

3. Aus der Backmischung (»Hot-roll mix«) nach Packungsanleitung den Teig fertigen, rollen, in 12 gleichgroße Stücke schneiden und diese zu Bällchen formen.

4. Die restliche Butter in einem kleinen Topf schmelzen. Den restlichen braunen Zucker mit dem Zimt vermengen. Die Teigbällchen zuerst in der zerlassenen Butter, dann in dem Zimtzucker wenden und in der Backform mit genügend Abstand zum Aufgehen auslegen. Mit der im Topf verbliebenen Butter beträufeln, mit einem Handtuch bedecken und an einem warmen Platz 45 Min. gehen lassen, bis sich das Volumen der Teigbällchen verdoppelt hat. Die Bällchen sollten sich nun zu einer Teigmasse verbunden haben.

5. Im Ofen 35 Min. goldbraun backen, auf ein Gitter stürzen, portionieren und warm servieren.

Gebackener Karamell-Mais

Halloween hat viele Fans – die Kinkades gehören dazu. Vom Karamell-Mais backen wir immer so viel, dass er für die ganzen Ferien reicht.

230 g Butter
360 g brauner Zucker
120 g Maissirup
1 Teelöffel Salz
1/2 Teelöffel Backnatron
1 Teelöffel Vanille
2,5 kg geröstete Maiskörner

Für 12 Portionen

1. Den Backofen auf 120 °C vorheizen.

2. In einer Pfanne Butter schmelzen, braunen Zucker, Maissirup und Salz unter ständigem Rühren zum Kochen bringen. Ungestört weitere 5 Min. kochen lassen. Die Karamellmasse vom Herd nehmen und Backnatron sowie Vanille einrühren.

3. Die gerösteten Maiskörner in eine große, flachen Pfanne füllen, mit der Karamellmasse langsam übergießen und vermischen. Im Ofen 1 Std. backen und alle 15 Min. umrühren. Aus dem Ofen nehmen, abkühlen lassen und in Stücke brechen.

Schokoladen-Buttertoffees

500 g Schokoladenraspel
230 g Mini-Marshmallows
230 g Butter + Butter zum Ausfetten von Schalen oder Blech
1 Teelöffel Vanille
250 g Walnüsse
900 g Zucker
350 ml Dosenmilch

Meine Mutter erfreute uns damit jedes Jahr zu Weihnachten. Die Walnüsse kamen direkt von den Bäumen in Nachbars Garten.

FÜR 2 SCHALEN ODER 1 BLECH

1. Zwei große, flache Schalen oder ein Backblech einfetten. In einer großen Schüssel Schokoladenraspel, Marshmallows, Butter, Vanille und Walnüsse verrühren.

3. Zucker und Milch erhitzen und unter ständigem Rühren 7 bis 12 Min. kochen. Über die Schokoladen-Mischung gießen und gut verrühren. In die vorbereiteten Schalen oder auf das Backblech ausgießen, komplett auskühlen lassen und mit einem scharfen Messer so groß wie gewünscht schneiden.

Erdnussbutterbällchen

8 Esslöffel weiche Butter
220 g Erdnussbutter
240 g Puderzucker
1 Teelöffel Salz
2 Esslöffel Pflanzenbackfett
250 ml Milch
150 g Schokoladenraspel

Der Beitrag meiner Schwester Suzanne zum jährlichen Thanksgiving-Dinner.

FÜR 24 STÜCK

1. Mit einem elektrischen Rührgerät Butter, Erdnussbutter, Zucker und Salz cremig rühren. Aus der Masse kleine Bällchen (Durchmesser 2 1/2 cm) formen und auf einer mit Backpapier belegten Platte 1 Std. in den Kühlschrank stellen.

2. Im Wasserbad bei mittlerer Hitze in einer Schüssel Backfett, Milch und Schokolade aufschlagen, die gekühlten Bällchen in die Schokoladenmasse tauchen und erneut auf der mit Backpapier belegten Platte im Kühlschrank bis zum Servieren aufbewahren.

Main Street Celebration

Index

Danksagung

Ein besonderer Dank gilt den „Sammlern", deren Rezepte für dieses Buch ausgewählt wurden: Tommy Centola, Karen Ford Carpenter und Lezlie Cohn-Oswald.

Die Originalausgabe dieses Buches ist 2006 unter dem Titel »The Thomas Kinkade Cookbook« bei Silverback Books, Inc. erschienen.

© 2006 Silverback Books, Inc.

Genehmigte Lizenzausgabe für Verlagsgruppe Weltbild GmbH,
Steinerne Furt, 86167 Augsburg
Übersetzung ins Deutsche: Christine E. Gangl
Umschlaggestaltung: Atelier Seidel – Verlagsgrafik, Teising
Rezepte: Nanette Kinkade
Illustrationen: sämtliche Illustrationen © 1984 – 2005 Thomas Kinkade
Gesamtherstellung: Offizin Andersen Nexö Leipzig GmbH, Zwenkau
Printed in the EU
978-3-8289-1312-7

2010 2009 2008
Die letzte Jahreszahl gibt die aktuelle Lizenzausgabe an.

Einkaufen im Internet:
www.weltbild.de

Gemälde: A Holiday Gathering: Umschlagrückseite, 2, 8–9, 15; A View from Cannery Row, Monterey: 94; Almost Heaven: 105; Amber Afternoon: 4, 102–103, 139; America's Pride: 22; Antigua Sunset: 50; Autumn Lane: 31; Biarritz: 46; Blossom Bridge: 49; Blossom Hill Church: 140; Boston: 70; Brussels: 69; Charleston, Sunset on Rainbow Row: 89; Chicago, Winter at the Water Tower: 45; Chinatown, San Francisco: 66; City by the Bay: 6; Clearing Storms: 122–123; Days of Peace: 126; Emerald Isle: 101; Golden Gate Bridge, San Francisco: 58–59; Guardian Castle: 108; Heather's Hutch: front flap, 113; Heiligen Blut: 73; Hometown Memories I: 5, 125; Hotel Del Coronado: 7, 62; Island Afternoon, Greece: 38; It Doesn't Get Much Better: 132; Liberty Plaza, Philadelphia: 97; Luxemburg Gardens: 85; Main Street Celebration: 149; Morning Dogwood: 16; Newport Harbor: 81; New York Snow on Seventh Avenue, 1932: 41; Paris, City of Lights: Umschlagvorderseite, 3, 34–35, 86; Paris, Eiffel Tower: 90; Perseverance: 128–129; Piccadilly Circus, London: 78; Pike Place Market, Seattle: 42; Pine Cove Cottage: 117; Plaza Lights, Kansas City: 74; Portofino: 65; Puerto Vallarta Beach: 37; Sedona Cliffs 53; Solvang: 77; Sunday Outing: 136; Sunset over Riga: 82; The Blessings of Autumn: 28; The End of a Perfect Day III: 118–119; The Garden Party: 27; The Old Mission, Santa Barbara: 54; The Valley of Peace: 106–107; Venice: 1, 60–61; Venice Canal: 57; Victorian Christmas: 10, 11; Village Inn: 144